To Isabella
Read, Learn
Love & Enjoy.
Love with all
my Heart Lynda.
(2001)

le monde des chevaux

Koulan

Cavalière et jeune fille, portant un costume traditionnel espagnol, chevauchant un andalou gris pommelé

Statuette grecque en bronze, VIe siècle av. J.-C. Grumentum, (sud de l'Italie)

Eperon à molette en cuivre (vers 1800, Amérique du Sud)

Armure de cheval offerte à Henri VIII. vers 1515

Ane attelé à une charrette prête à partir au marché

Plaque de bronze représentant un guerrier à cheval (fin du XVIe siècle, Niger)

Pied tridactyle
d'un fossile
d'*Anchitherium*

le monde des chevaux

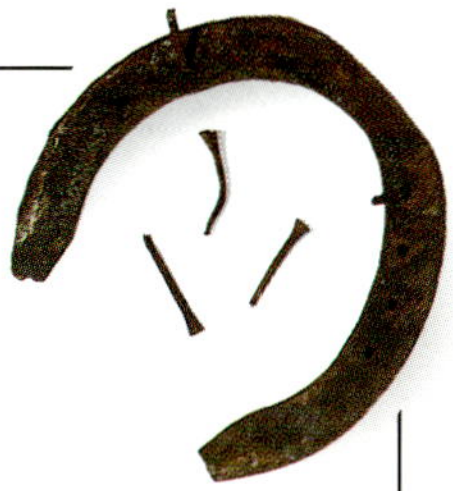

Fer usagé et ses clous

par

Juliet Clutton-Brock

Photographies originales de Jerry Young
et Karl Shone

Zèbre des
montagnes

Ferrure d'un shire

Cheval gris pommelé
sautant un obstacle

GALLIMARD

Cheval
timbalier et son
cavalier

Ane irlandais tirant
une charrette

Comité éditorial

Londres :

Louise Barratt, Marion Dent, Julia Harris,
Jutta Kaiser-Atcherley, Diana Morris et Helen Parker

Paris :

Christine Baker, Manne Héron
et Jacques Marziou

Edition française préparée par
Pierre-Charles Le Métayer,
éleveur de chevaux

Publié sous la direction de

Peter Kindersley,
Jean-Olivier Héron
et
Pierre Marchand

Archer à cheval,
Ve siècle av. J.-C.

Deux chevaux
de Prjewalski

Calèche à la française, vers 1880

Cheval palomino
harnaché d'une selle
et d'un bridon «western»

ISBN 2-07-056679-X
La conception de cette collection est le fruit
d'une collaboration entre les Editions Gallimard
et Dorling Kindersley.

Loi n° 49-956 du 16 juillet 1949
sur les publications destinées à la jeunesse
1er dépôt légal : avril 1992
Dépôt légal : juin 1999. N° d'édition : 90670
Imprimé en Chine par Toppan Printing Co., (Shenzen) Ltd

Paire de chevaux
gris tirant un phaéton
anglais de 1840

SOMMAIRE

LES ÉQUIDÉS N'ONT QU'UN DOIGT 6
COMMENT DEVIENT-ON CHEVAL ? 8
LE SOLIPÈDE, UN COUREUR DE FOND 10
ILS ONT LE SENS DE LA FAMILLE 12
LES PREMIERS PAS AVANT LE GALOP 14
L'ÂNE DANS TOUS SES ÉTATS 16
QUI SONT CES DRÔLES DE ZÈBRES ? 18
LEURS ANCÊTRES AURAIENT 10 000 ANS 20
LES CHEVAUX DE L'HISTOIRE 22
L'ÂNE NE BÂCLE PAS SON TRAVAIL 24
MULETS ET BARDOTS, DE VIGOUREUX MÉLANGES 26
LE MARÉCHAL-FERRANT EST À PIED D'ŒUVRE 28
MORS, ÉTRIERS, ÉPERONS... CES DÉTAILS QUI FONT LE CAVALIER 30
LE CHEVAL, MONTURE DES CONQUÉRANTS 32
À LA DÉCOUVERTE DES AMÉRIQUES 34
ON ACHÈVE BIEN LES CHEVAUX SAUVAGES 36
ILS ONT LE SANG CHAUD OU FROID 38
DES ROBES DE TOUTES LES COULEURS 40
LE CHEVAL S'EN VA-T-EN GUERRE 42
LA CHEVALERIE, OU SE BATTRE AU NOM DE DIEU 44
LES CHEVAUX DU VOYAGE 46
LES VOITURES HIPPOMOBILES OUVRENT LA VOIE 48
LES POIDS LOURDS TRAVAILLENT POUR NOUS 50
DU CHEVAL DE TRAIT AU CHEVAL-VAPEUR 52
DES TRAITS LÉGERS TRÈS PERFORMANTS 54
COW-BOYS, INDIENS ET CAVALIERS AMÉRICAINS 56
LE CHEVAL GAGNE LES CHAMPS DE COURSES 58
L'ÉQUITATION SE RISQUE AU JEU 60
À L'ÉCOLE DU PONEY 62
INDEX 64

Paire de gelderlands hollandais tirant un «vaisseau de la prairie»

LES ÉQUIDÉS N'ONT QU'UN DOIGT

Les chevaux, les ânes et les zèbres appartiennent tous à la même famille de mammifères : les Équidés. On les appelle également Solipèdes, car ils ont un sabot non fendu à chaque pied. Reposant sur le sol par un nombre impair de doigts, les Équidés se classent, tout comme leurs plus proches cousins, le rhinocéros et le tapir, dans l'ordre des Périssodactyles. Tous les Équidés sont herbivores, vivent dans de grands espaces et dépendent de la vitesse de leur course pour échapper à leurs prédateurs. Animaux au comportement social (p. 12), ils vivent en groupes familiaux qui, réunis, constituent le troupeau. Ils couvrent des distances considérables à la recherche de nourriture et d'eau mais aussi, par temps chaud, pour échapper aux insectes qui les importunent. Bien qu'il existe de grands écarts de taille entre les différentes races de chevaux domestiques (pp. 38 à 41), elles appartiennent toutes à la même espèce : « Equus caballus ». Ainsi le poney est-il un cheval dont la taille est inférieure à 147 centimètres.

« À CHEVAL GENDARME, À PIED BOURGUIGNON... »
Le cheval à bascule, fait de bois et dont les sabots sont fixés sur des ressorts ou une bascule, est un jouet traditionnel depuis des centaines d'années.

UNE MINIATURE ÉCOSSAISE
Le shetland est la plus petite des anciennes races de poneys. Celui-ci a 7 ans et mesure 81 cm de haut. C'est un animal rustique; il a besoin de peu de nourriture et peut porter de lourdes charges (pp. 62-63). Malgré sa petite taille, son dos large et son tempérament ombrageux l'interdisent aux tout jeunes enfants.

LES ÂNES ET LES ZÈBRES
En dehors du cheval, les autres Solipèdes sont : l'âne sauvage d'Asie, ou hémione (pp. 16-17), l'âne sauvage d'Afrique (pp. 16-17 et 21), qui est l'ancêtre de l'âne domestique (pp. 24-25), et les zèbres (pp. 18-19).

COMMENT PRENDRE LES MESURES D'UN CHEVAL

On mesure la hauteur du sol à la pointe du garrot; la longueur de la pointe de l'épaule à la pointe de la fesse. La largeur, ou ampleur, se rapporte à l'épaisseur du corps mesurée par la saillie latérale des côtes.

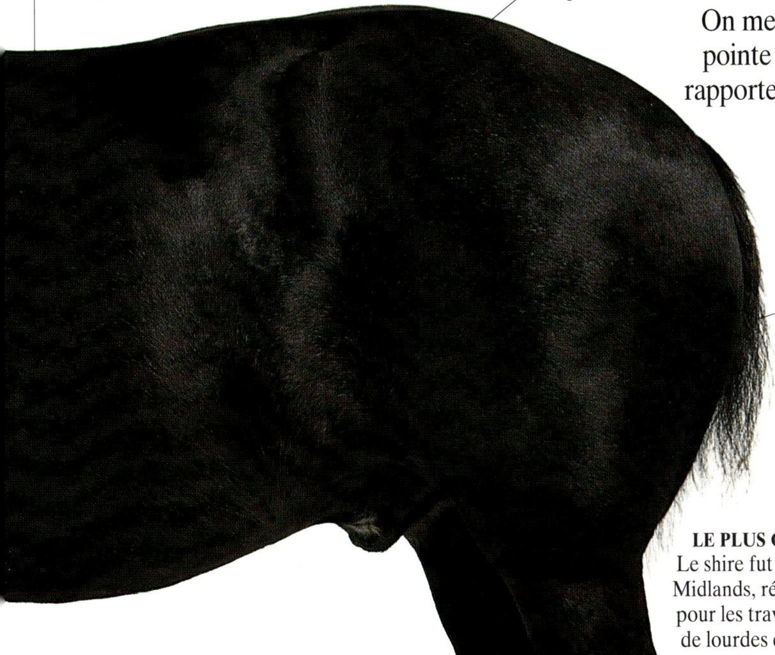

LE PLUS GRAND CHEVAL DU MONDE
Le shire fut tout d'abord élevé dans les Midlands, région du centre de l'Angleterre, pour les travaux de la ferme et la traction de lourdes charges (pp. 50 à 53). Cette race se distingue par une taille et un poids importants, et de longs poils sur le bas des membres. Le cheval présenté ici s'appelle King; il est le plus grand du monde (198 cm au garrot) et pèse environ 1 tonne.

CAVALIERS À L'EUROPÉENNE
Cette sculpture sur bois représentant des hommes et des animaux est l'œuvre des Ibo du Nigeria. Les vêtements des cavaliers dénotent une influence européenne et une certaine richesse. Le léopard et le serpent sont des symboles de pouvoir, tandis que la mère et l'enfant montrent l'importance de la famille dans la société tribale.

LA LICORNE
Ce cheval mythique a une longue corne torsadée au milieu du front. Sur les armoiries, il apparaît avec une queue de lion et deux sabots à chaque pied.

COMMENT DEVIENT-ON CHEVAL ?

Il s'est écoulé environ 55 millions d'années entre les Équidés d'aujourd'hui et leur premier ancêtre. Ce quadrupède, baptisé « Hyracotherium » et parfois appelé « Eohippus », avait la taille d'un gros lièvre. C'était un herbivore pourvu de 4 doigts aux membres antérieurs et de 3 aux membres postérieurs. Il vivait à l'éocène dans les forêts d'Europe, d'Amérique du Nord et d'Asie orientale. Comme nous l'indiquent les fossiles, ce petit animal s'est transformé très progressivement en un mammifère à 3 doigts et, plus tard, à un seul sabot. « Mesohippus », à l'oligocène, il y a 37 millions d'années, se nourrissait de feuillage grâce à une denture adéquate (pp. 10-11). L'apparition de grandes surfaces herbeuses remplaçant la forêt pendant le miocène (20 millions d'années), ces animaux s'adaptèrent à leur nouvel environnement : des membres plus développés pour couvrir de plus longues distances et échapper aux prédateurs, ainsi qu'une denture leur permettant de se nourrir d'herbes dures. Le premier équidé véritablement herbivore est « Merychippus », auquel succéda « Pliohippus », le premier solipède. Cette évolution a abouti à « Equus » au pléistocène (2 millions d'années).

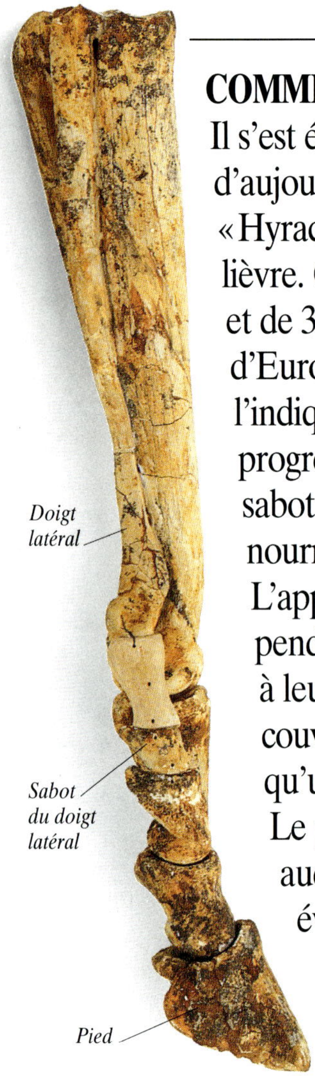

Vue latérale du membre postérieur gauche d'*Hipparion*

Vue de face d'un membre postérieur d'*Hipparion*

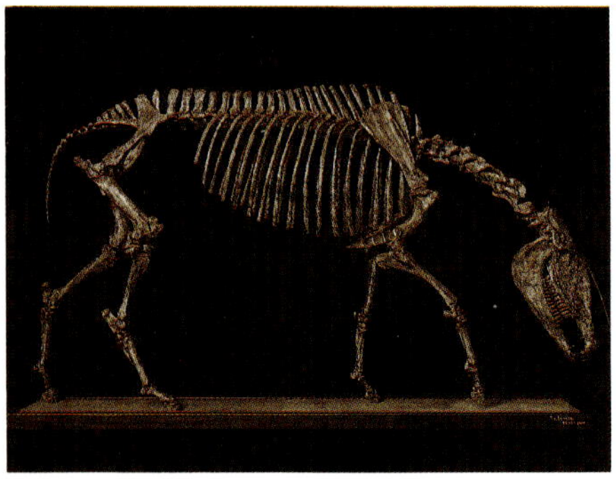

COUSIN D'AMÉRIQUE
Ce squelette est celui d'*Hippidion*, équidé à un seul sabot aujourd'hui disparu, qui évolua en Amérique centrale avant de se répandre en Amérique du Sud. Son descendant, *Onohippidion*, y survécut jusqu'à il y a 12 000 ans. Son extinction fut accélérée par l'arrivée des premiers chasseurs à la fin de l'ère glaciaire.

LE DERNIER CHEVAL TRIDACTYLE
Hipparion était un équidé à trois doigts parfaitement adapté à son environnement. Il était herbivore, comme en témoignent des fossiles (ici une vue latérale du crâne) retrouvés en de nombreux endroits d'Europe, d'Asie et d'Afrique. Il disparut en Afrique, il y a environ 125 000 ans.

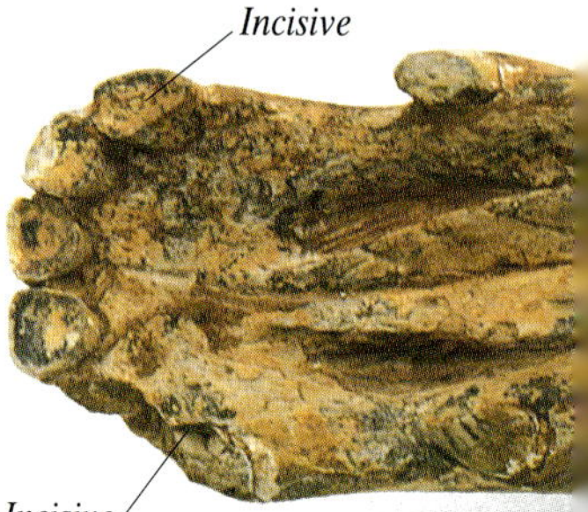

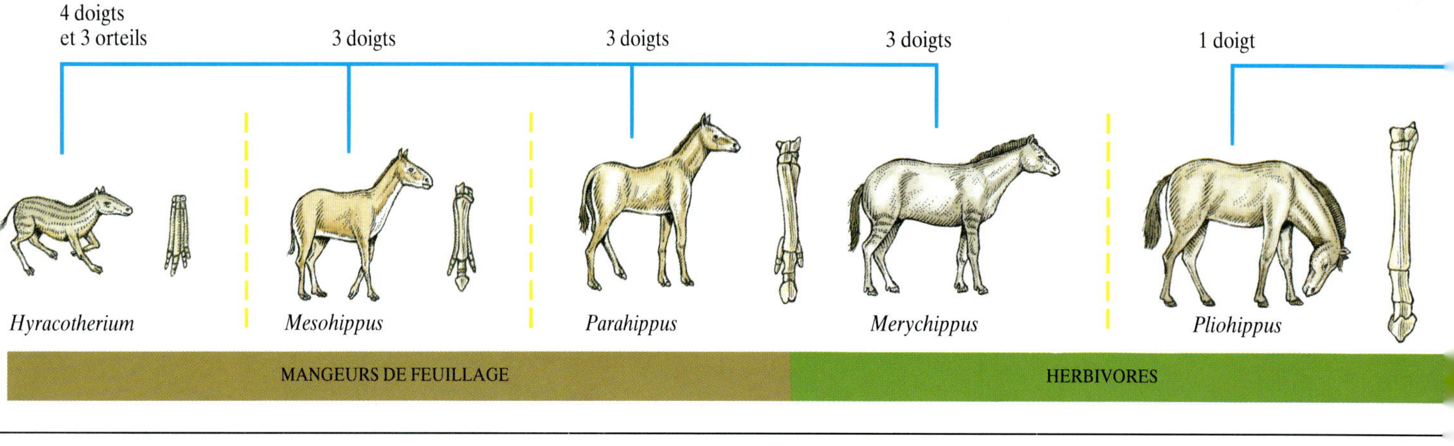

UN ÉQUIDÉ NOUS A QUITTÉS
Anchiterium, équidé à 3 doigts, était très répandu de l'Amérique à l'Asie en passant par l'Europe, au début du miocène (20 millions d'années). Il n'a pas poursuivi son évolution et a disparu avant le début du pliocène, il y a à peu près 5 millions d'années.

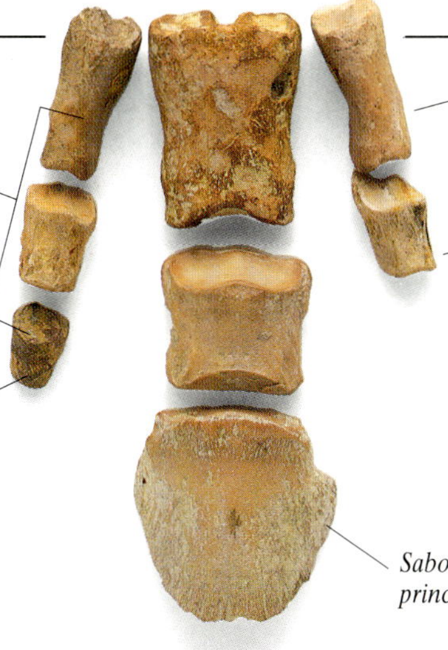

Os du pied d'*Anchiterium*

Mâchoire supérieure d'*Anchiterium*

Mâchoire inférieure d'*Anchiterium*

UN CHEVAL SUR LES DENTS
Cette vue du palais d'un fossile d'*Hyracotherium* de l'époque éocène (55 millions d'années), trouvé en Angleterre, montre les dents à 6 cuspides qui sont la base de l'évolution vers la denture du cheval moderne.

Palais d'*Hyracotherium*

Vue du côté droit d'un crâne d'*Hyracotherium*

Palais d'*Hipparion*

Equus

HERBIVORES

LE PREMIER CHEVAL TRIDACTYLE
Mesohippus, qui vivait à l'oligocène, était de la taille d'un mouton. Il avait 3 doigts, le doigt médian étant plus important que les 2 doigts latéraux.

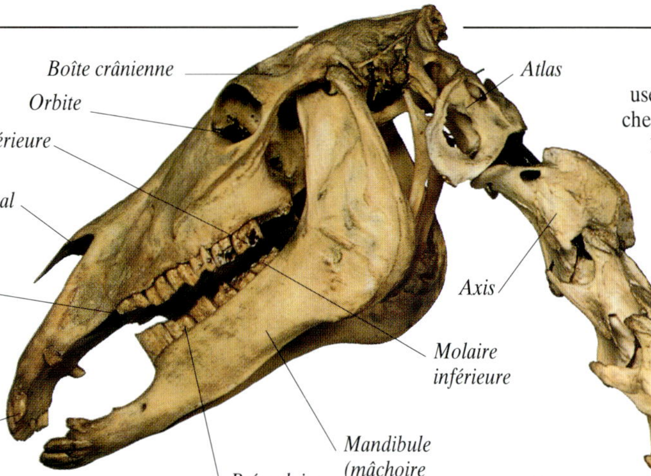
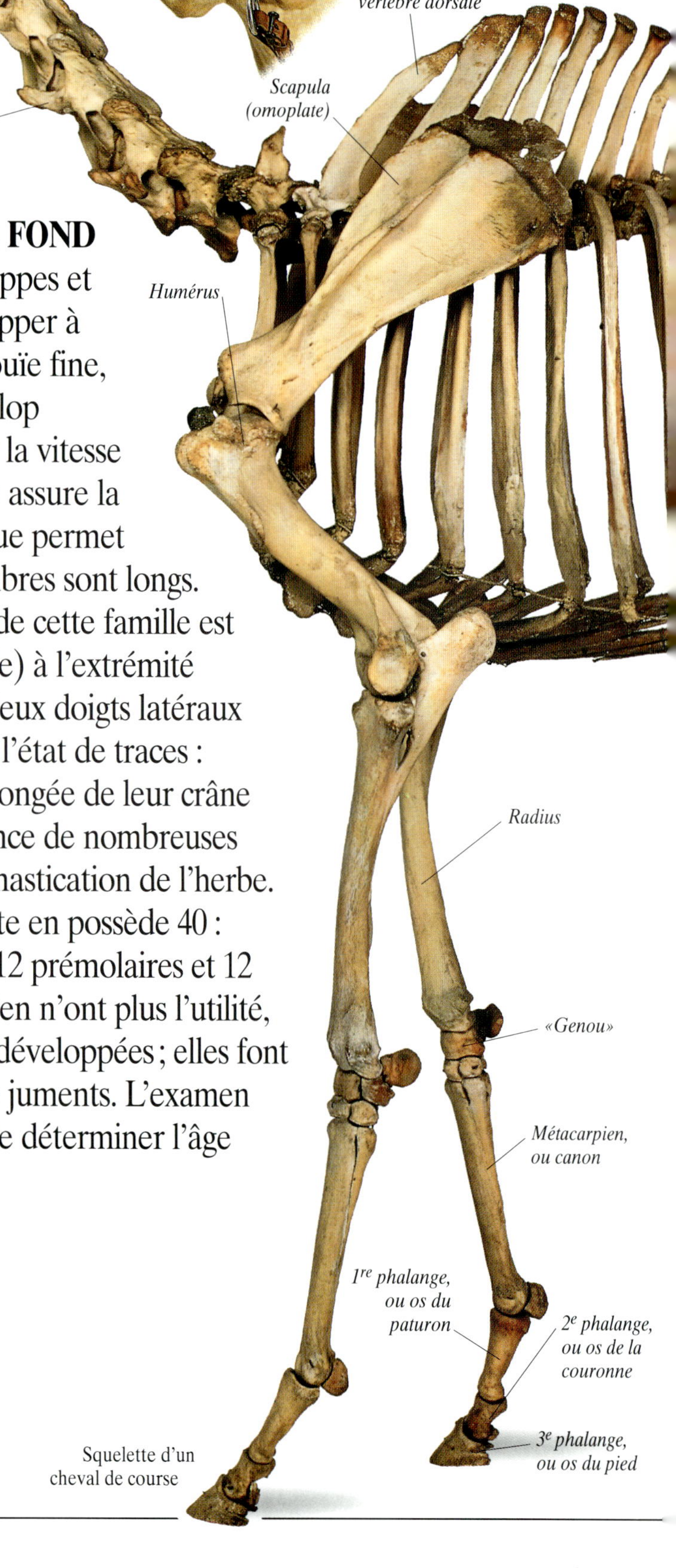

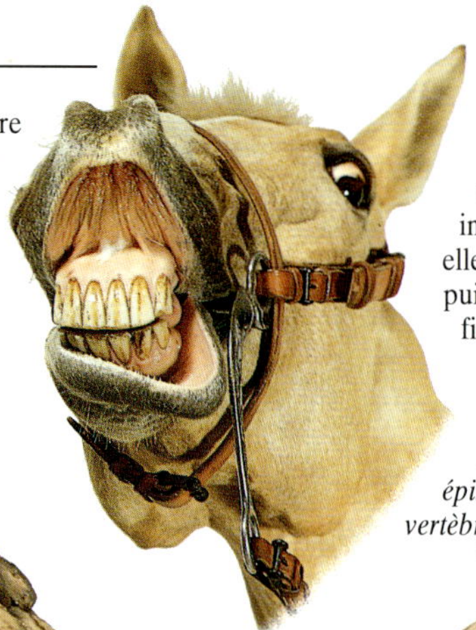

Denture usée d'un cheval de 15 ans

L'ÂGE PAR LES DENTS
A mesure qu'un cheval vieillit, la forme de ses incisives évolue. D'ovales, elles deviennent rondes puis triangulaires, pour finir presque carrées et de couleur brune.

LE SOLIPÈDE, UN COUREUR DE FOND

Les Équidés sauvages habitent les steppes et les régions subdésertiques. Pour échapper à leurs prédateurs, ils disposent d'une ouïe fine, d'un large champ de vision et d'un galop rapide. Leur squelette est conçu pour la vitesse et l'endurance. La colonne vertébrale assure la rigidité du dos, la vaste cage thoracique permet une ample respiration, et les membres sont longs. La principale caractéristique de cette famille est leur sabot massif (solipède) à l'extrémité du doigt médian. Les deux doigts latéraux existent encore, mais à l'état de traces : les stylets. La forme allongée de leur crâne s'explique par la présence de nombreuses dents nécessaires à la mastication de l'herbe. Normalement, un adulte en possède 40 : 12 incisives, 4 canines, 12 prémolaires et 12 molaires. Comme ils n'en n'ont plus l'utilité, leurs canines sont peu développées ; elles font défaut chez nombre de juments. L'examen de la denture permet de déterminer l'âge d'un cheval.

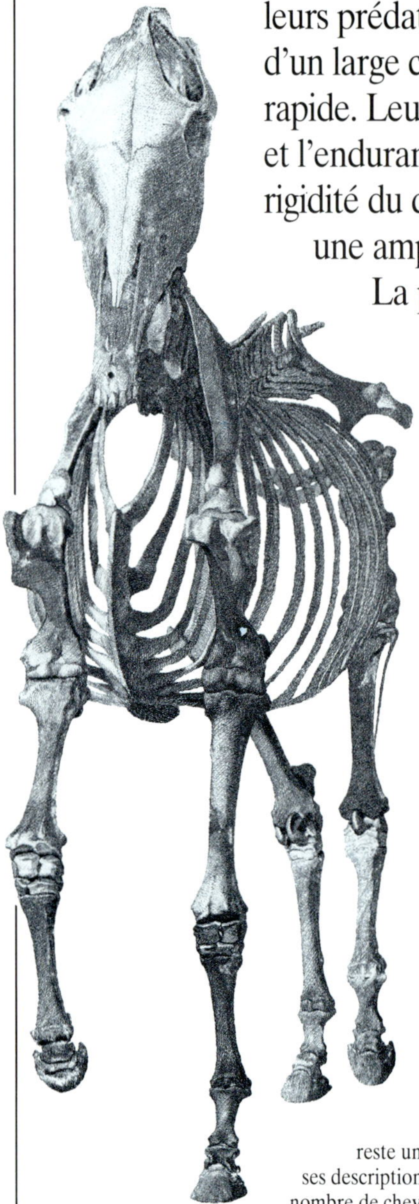

SQUELETTE MODÈLE
En 1766, le peintre animalier anglais George Stubbs (1724-1806) publia une *Anatomie du cheval* qui, 200 ans plus tard, reste un ouvrage de référence. Pour parfaire ses descriptions, il disséqua lui-même un grand nombre de chevaux.

Squelette d'un cheval de course

Mâchoire supérieure d'un poulain nouveau-né

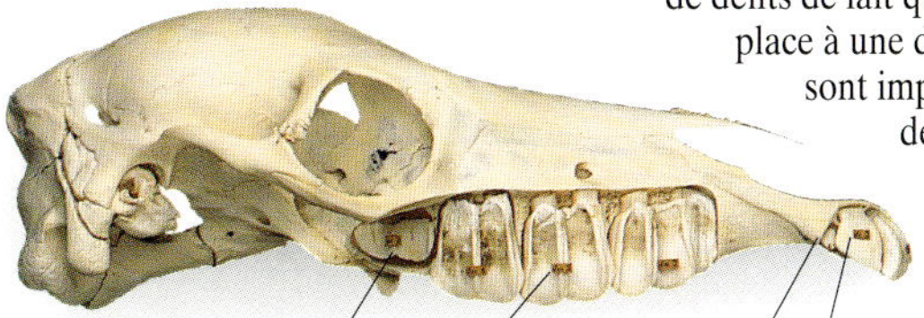

DES COURONNES POUR TOUTE LA VIE
Comme tous les mammifères, le poulain est pourvu de dents de lait qui, au fur et à mesure, laissent place à une dentition adulte. Les couronnes sont importantes et s'usent tout au long de la vie du cheval. De nos jours, on a recours au dentiste pour s'assurer du bon fonctionnement de la mâchoire.

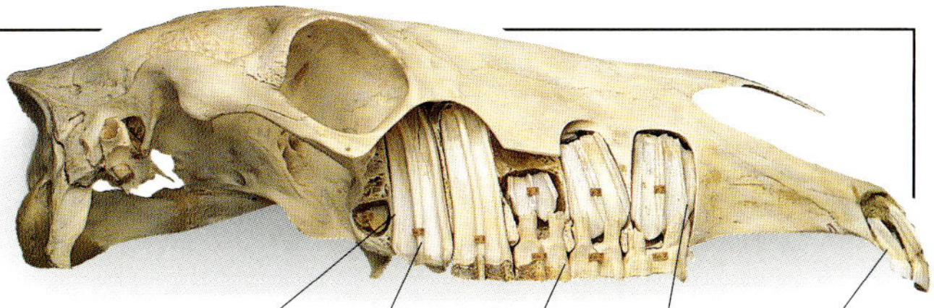

Mâchoire supérieure d'un poney de 2 ans

Mâchoire supérieure d'un poney de six ans

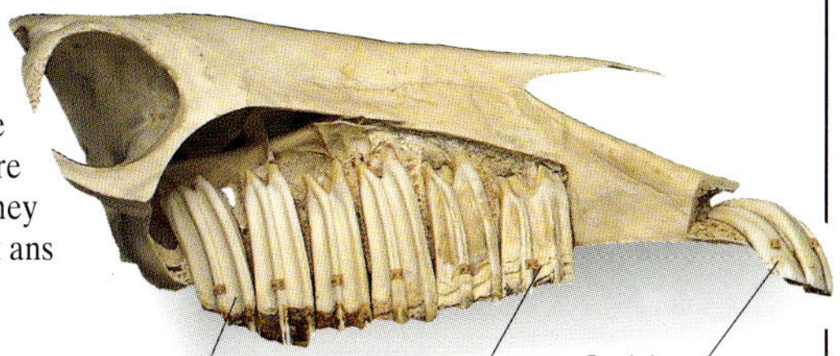

Mâchoire supérieure d'un très vieux cheval

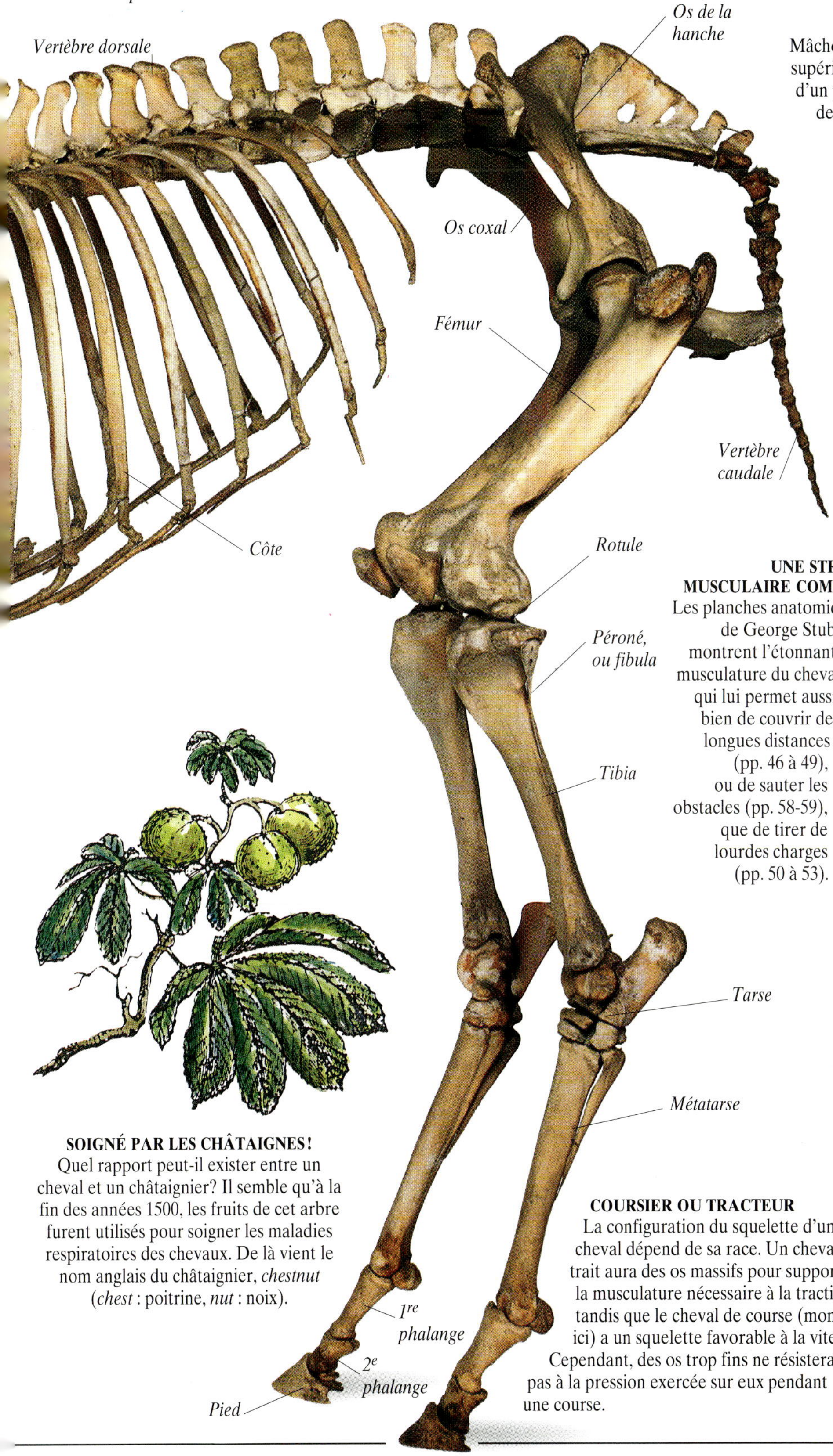

UNE STRUCTURE MUSCULAIRE COMPLEXE
Les planches anatomiques de George Stubbs montrent l'étonnante musculature du cheval qui lui permet aussi bien de couvrir de longues distances (pp. 46 à 49), ou de sauter les obstacles (pp. 58-59), que de tirer de lourdes charges (pp. 50 à 53).

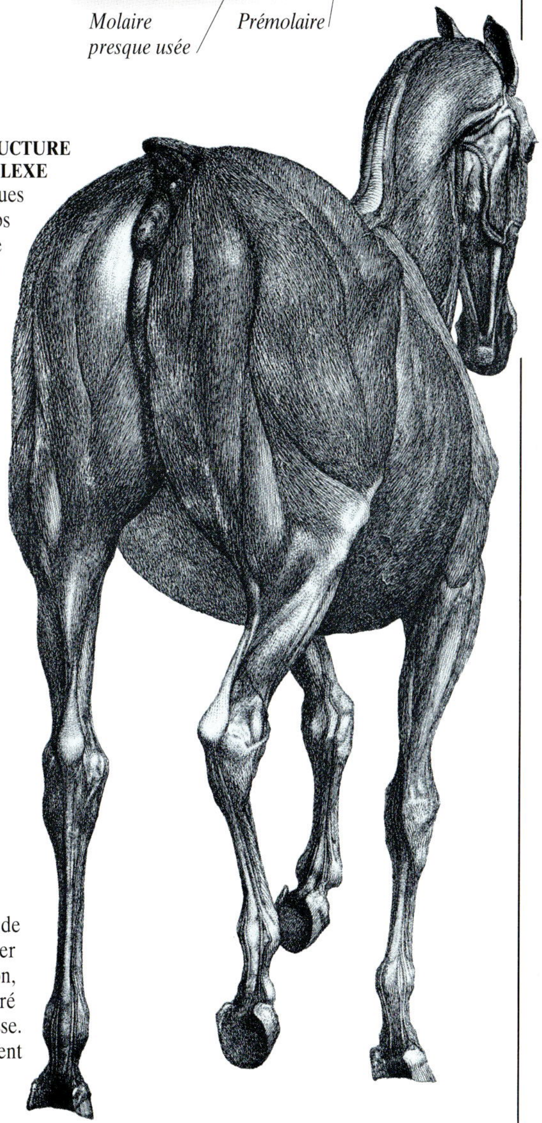

SOIGNÉ PAR LES CHÂTAIGNES!
Quel rapport peut-il exister entre un cheval et un châtaignier? Il semble qu'à la fin des années 1500, les fruits de cet arbre furent utilisés pour soigner les maladies respiratoires des chevaux. De là vient le nom anglais du châtaignier, *chestnut* (*chest* : poitrine, *nut* : noix).

COURSIER OU TRACTEUR
La configuration du squelette d'un cheval dépend de sa race. Un cheval de trait aura des os massifs pour supporter la musculature nécessaire à la traction, tandis que le cheval de course (montré ici) a un squelette favorable à la vitesse. Cependant, des os trop fins ne résisteraient pas à la pression exercée sur eux pendant une course.

ILS ONT LE SENS DE LA FAMILLE

Chez les chevaux, les ânes et les zèbres, les sens de la vue, de l'ouïe et de l'odorat sont beaucoup plus développés que chez l'homme. La tête du cheval est longue, car elle doit abriter non seulement une denture importante mais aussi les organes olfactifs. Les yeux, placés de chaque côté de la tête, donnent au cheval un champ de vision de 355°. Les oreilles sont grandes, et chez l'âne très longues, de façon à pivoter dans la direction du moindre bruit. Par nature, le cheval est sociable et éprouve de l'attachement pour les autres membres de son groupe ; il transfère facilement cette loyauté à son propriétaire. Une fois ce lien établi, il fera l'impossible pour obéir aux ordres, aussi durs soient-ils. C'est pour cette raison que le cheval a été à la fois cruellement traité et profondément aimé par l'homme. Les chevaux et les ânes domestiques conservent néanmoins les instincts et les comportements de l'état sauvage : ils défendent leur territoire, nourrissent leurs poulains et recherchent la compagnie, tout comme le font les espèces qui vivent dans la nature.

TOILETTE DE CHOC
Ce poney se roule sur le sol. C'est une façon de faire sa toilette : il relaxe ses muscles et se débarrasse de son poil mort, de la saleté collée à sa robe et de ses parasites.

Oreilles en arrière : crainte ou colère

Oreilles en avant : intérêt et curiosité

Une oreille en avant, l'autre en arrière : perplexité

EXPRESSION CORPORELLE
Les oreilles ont un double rôle : percevoir les sons et émettre des signaux visuels. Ci-dessus, les oreilles de ce mulet dirigées vers l'arrière indiquent peur ou colère; vers l'avant, intérêt et curiosité; l'une en avant, l'autre en arrière, perplexité et incertitude.

Les oreilles couchées sont signe de mécontentement.

Coup de pied

ATTENTION AUX RUADES
Les oreilles en arrière et les coups de pied d'intimidation indiquent que ces deux koulans, ou ânes sauvages d'Asie, ne s'apprécient pas.

Zèbre hennissant pour prévenir le troupeau d'un danger

PROTECTION DU TERRITOIRE ET DE LA FAMILLE
Se cabrer et chercher à se frapper avec les membres antérieurs est normal chez les Equidés. Cependant, ils s'en tiennent généralement aux menaces exprimées à l'aide des oreilles, de la queue et du sabot. Les étalons se battent pour leur territoire et pour leurs femelles, comme le font ces deux poneys islandais.

Le cheval de tête, ignorant les ordres du cocher, s'arrête pour boire.

À VUE DE NEZ
Après avoir reniflé l'urine d'une jument en chaleur, cet étalon retrousse sa lèvre supérieure; les émanations excitent alors son organe voméro-nasal, provoquant le stimulus sexuel qui lui permettra de la saillir.

LES MEILLEURS AMIS DU MONDE
Les chevaux se tiennent souvent tête-bêche, se grattant mutuellement la crinière et le dos. Ces séances de toilettage durent en général quelques minutes, et leur fréquence varie selon les saisons.

Le mordillement de la crinière permet à l'individu dominant de conforter sa place au sein du troupeau.

UNE RENCONTRE
Ces deux chevaux de Prjewalski (pp. 20-21) font connaissance et se livrent au rituel d'identification pour savoir lequel dominera l'autre.

UN VENTRE PROMETTEUR
Le gros ventre de cette jument palomino (p. 38) indique qu'elle va bientôt pouliner. Les juments, dans la nature, ont tendance à s'acquitter de cette tâche très vite, tandis que les juments de race demandent une surveillance étroite.

LES PREMIERS PAS AVANT LE GALOP

Chez tous les Équidés, la femelle donne naissance à un petit (rarement à des jumeaux) bien formé après une période de gestation de 11 à 12 mois. Les mises bas se font au début du printemps, au moment de la pousse de l'herbe. C'est un gros effort pour la mère que de produire un petit chaque année, à la même époque. Celui-ci, à peine né, doit pouvoir suivre la transhumance du troupeau. Cette condition est vitale, car les chevaux, les ânes (pp. 16-17) et les zèbres (pp. 18-19) sont des herbivores qui vivent dans de larges espaces à la recherche de leur nourriture, et qui sont donc une proie facile pour les grands prédateurs comme les lions en Afrique. Le nouveau-né est sur ses pieds une heure après sa naissance et, bien qu'il tète sa mère pendant à peu près une année, il va très tôt commencer à brouter. Entre 1 an et 4 ans, on appelle la femelle « pouliche », le mâle, « poulain ». À l'état sauvage, les poulains quittent d'eux-mêmes leur mère pour former un nouveau troupeau.

COUPER LE CORDON
La jument se repose quelques minutes après avoir donné naissance à son poulain encore partiellement enveloppé dans la poche amniotique. Bientôt, le petit, en se débattant, ou la mère, en se levant, rompra le cordon ombilical par lequel le poulain a été nourri pendant toute la gestation.

TOUT PROPRE ET AU SEC
La jument s'est relevée et procède à la minutieuse toilette de son petit en le léchant, activant ainsi sa circulation et son séchage.

Les oreilles pointées de ce jeune zèbre indiquent son éveil.

LA MÈRE ET SON PETIT
Il faudra 3 ans à ce jeune zèbre de Chapman (pp. 18-19) pour devenir aussi grand que sa mère. Les liens familiaux sont très forts chez les zèbres, et tous les adultes assurent la protection des jeunes contre tout danger.

Jument zèbre de 6 ans et son poulain de 3 mois

LE VACCIN MATERNEL
A peine debout, le jeune poulain part à la recherche de la mamelle de sa mère et tète instantanément. Le premier lait s'appelle le colostrum et contient tous les anticorps nécessaires à l'immunisation du poulain contre les maladies.

PREMIERS PAS
Alors que sa mère écarte les importuns, le jeune s'essaie à marcher.

PRENEZ GARDE!
Bien que cette jument shire (pp. 50-51, 53) descende de chevaux domestiqués depuis 5 000 ans, elle a conservé l'instinct de ses ancêtres sauvages et reste constamment sur ses gardes auprès de son poulain.

Jument shire de 10 ans avec son petit de 5 semaines

DÉJÀ FRINGANT
Un nouveau-né est debout moins d'une heure après sa naissance et doit aussitôt être capable de suivre sa mère, particulièrement s'il vit à l'état sauvage.

DEMI-SOMMEIL
Le poulain a besoin de beaucoup de repos, mais peut se remettre sur ses pieds à tout instant s'il le faut.

L'ÂNE DANS TOUS SES ÉTATS

Il existe deux espèces d'ânes sauvages, qui ne sont pas plus proches l'une de l'autre que ne le sont le cheval et le zèbre. En effet, si l'on tente des croisements on obtient des hybrides stériles (pp. 18-19, 26-27). Ces deux espèces sont les ânes sauvages d'Afrique – « Equus asinus » – qui, il n'y a pas si longtemps, apparaissaient dans le Sahara, et les ânes sauvages d'Asie – l'hémione, « Equus hemionus » – répandus du Proche-Orient en Mongolie et au Tibet. Tous les ânes sauvages se ressemblent : tête massive, longues oreilles, crinière courte, pas de toupet, jambes minces et queue dont seule la moitié terminale porte des crins. L'espèce africaine est l'ancêtre de notre âne domestique (pp. 24-25). Elle est de couleur grise avec le ventre blanc et une bande médio-dorsale sombre ; les épaules portent souvent des raies. Une sous-espèce a les membres fortement rayés. L'âne d'Asie a beaucoup de caractères chevalins. Il est rougeâtre et n'a pas de rayures, à l'exception d'une ligne foncée sur le dos. Ces ânes sauvages se sont adaptés à l'environnement des régions semi-désertiques. Ils se contentent d'herbe sèche et de buissons épineux. Aujourd'hui, ils sont tous menacés par la chasse, et leur habitat se réduit.

CHASSE À L'ÂNE
Cette scène, qui provient de frises du palais de Ninive en Assyrie et date de 645 av. J.-C., montre une chasse à l'hémione. On capturait ces animaux pour les croiser (pp. 26-27) avec des ânes domestiques ou des chevaux.

Jambe longue et de couleur pâle

LIBERTÉ PROTÉGÉE
Parmi les ânes africains, celui de Somalie, *Equus asinus somalicus*, est le seul qui ait survécu à l'état sauvage. Des spécimens ont été transportés dans une réserve en Israël dans l'espoir de préserver l'espèce dont l'habitat originel est l'Ethiopie et la Somalie ravagées par la guerre.

PORTÉ DISPARU
L'âne de Nubie (*Equus asinus africanus*) a sans doute aujourd'hui disparu. Il différait de l'âne de Somalie par une bande noire transversale sur les épaules et par l'absence de rayures horizontales sur les jambes.

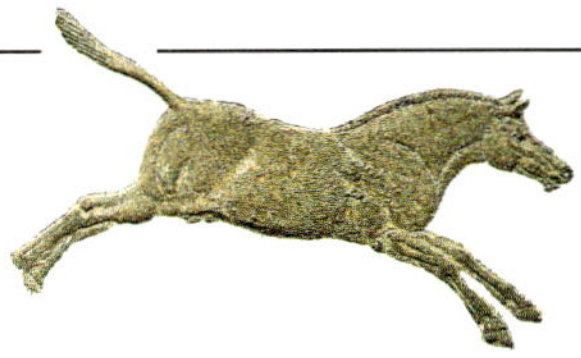

L'ÂNE INDIEN
L'onagre de l'Inde, ou khur (*Equus hemionus khur*), vit dans le désert du Kutch, au nord-ouest de l'Inde. Comme tous les Equidés, les khurs vivent en groupes conduits par une vieille femelle. En dehors de la saison de monte, au début de l'été, les mâles et les femelles vivent en troupeaux séparés.

L'ÂNE PERSAN
Les onagres de Perse (*Equus hemionus onager*) vivaient en grands troupeaux qui transhumaient dans les déserts d'Iran. Aujourd'hui, très peu survivent à l'état sauvage. Cet onagre peut soutenir sur de longues distances une allure de 40 à 50 km/h et franchir des obstacles de plus de 2 mètres, ce qui le rapproche des performances des meilleurs chevaux de course et de sport.

L'INDOMPTABLE KOULAN
Le koulan (*Equus hemionus kulan*) vit dans les déserts de Turkménie, à l'est de la mer Caspienne. Sa hauteur au garrot est de 112 à 122 cm. L'hiver, il lui pousse un poil très épais de couleur brun-jaune qui le protège des vents glacés soufflant des montagnes. Bien que l'on pense que le koulan a été jadis croisé avec des ânes et des chevaux pour produire des hybrides résistants, c'est un âne qui n'a jamais pu être domestiqué. Pour les besoins de la science, on en capture de temps à autre quelques très rares spécimens.

QUEL ÂNE !
Le kiang du Tibet (*Equus hemionus kiang*) mesure jusqu'à 150 cm au garrot. C'est le plus grand des ânes sauvages, et il est sacré pour les Tibétains. Cependant, il est en voie d'extinction par suite de la chasse qu'on lui fait et de la disparition de son habitat.

Cet objet ayant appartenu à la reine Puabi (vers 2500 av. J.-C.) a été retrouvé dans une sépulture royale à Ur en Mésopotamie.

QUI SONT CES DRÔLES DE ZÈBRES ?

Aujourd'hui, les zèbres ne vivent qu'en Afrique, bien qu'à une époque leurs ancêtres aient existé en Amérique du Nord. On distingue le zèbre de Chapman, le zèbre de montagne et le zèbre de Grévy. Les trois espèces ont chacune des caractères et un comportement singuliers. Elles se différencient également par le dessin de leurs zébrures. Nous connaissons mieux le zèbre de Chapman, le seul équidé sauvage encore abondant, bien que deux des cinq sous-espèces aient été exterminées (ainsi le couagga, qui habitait le sud de l'Afrique, disparu en 1883).

Les zèbres sont en général très sociaux. Ils se rassemblent en importants troupeaux et passent des heures à leur toilette, se mordillant mutuellement la crinière et le garrot. On se demande pourquoi ils sont rayés puisqu'ils n'utilisent pas ce camouflage pour se dérober à l'œil des prédateurs, lions et hyènes, mais serrent au contraire les rangs pour se défendre.

DES OREILLES EXPRESSIVES
Le zèbre de Grévy, qui habite brousse et steppes, utilise ses oreilles pour signaler les dangers à ses congénères.

Femelle du zèbre de montagne de 7 ans

BON GRIMPEUR
Espèce presque éteinte, le zèbre de montagne (*Equus zebra*) se rencontre en petites hardes dans les contreforts montagneux de la province du Cap, en Afrique du Sud, et sur la côte de l'Angola. Comme le zèbre de Chapman, il mesure en moyenne 130 cm au garrot. On estime qu'il n'en reste de par le monde qu'une petite centaine.

Femelle du zèbre de Chapman de 6 ans et son poulain de 3 mois

LE ZÈBRE DE CHAPMAN
Equus antiquorum mesure environ 132 cm au garrot. Il peuplait autrefois tout l'est et le sud de l'Afrique, du Soudan au Cap. Il est toujours très répandu dans les grandes réserves. Les jeunes mâles vivent en groupe, puis fondent à leur tour une famille. Très sociaux, ils iront à la recherche d'un des leurs s'il est manquant.

UN ZÉBROÏDE
Les différentes espèces d'Equidés peuvent se croiser entre elles mais ne produisent que des hybrides stériles (pp. 26-27). Celui-ci est le produit d'un zèbre et d'un cheval.

LE ZÈBRE DE GRÉVY

C'est l'espèce qui vit le plus au nord, en petits troupeaux, dans les régions semi-désertiques du Kenya, de l'Ethiopie et de la Somalie. Avec une taille variant entre 140 et 160 cm, c'est le plus grand de tous les zèbres. On le considère comme issu d'un rameau très primitif de la famille des Équidés.

Deux femelles de zèbre de Grévy âgées de 3 ou 4 ans

LE COUAGGA, PROIE DES BOERS

Les premiers explorateurs de l'Afrique australe découvrirent d'immenses troupeaux de couaggas en cours de migration annuelle. Tous ces animaux furent chassés intensivement par les Boers qui consommaient leur viande et tannaient leur cuir. Quelques spécimens survécurent dans les zoos jusqu'à la disparition du dernier, à Amsterdam, en 1883.

CROISÉS

Le croisement entre un zèbre mâle et une ânesse peut donner des animaux marron clair avec de très fines rayures comme ces zébrydes au Zimbabwe, en Afrique australe. Le croisement d'un âne et d'un zèbre femelle donne un zébret. De nombreux zoos pratiquent avec succès ce genre d'expériences.

LEURS ANCÊTRES AURAIENT 10 000 ANS

Grâce à des fossiles, nous savons qu'à la fin de la dernière ère glacière, il y a 10 000 ans, des millions de chevaux vivaient à l'état sauvage, aussi bien dans toute l'Europe qu'en Asie du Nord et centrale. Ils appartenaient à une espèce, « Equus przewalskii », et se déplaçaient en troupeaux dans les prairies, couvrant des centaines de kilomètres au cours de migrations annuelles. Puis le climat a changé, la forêt a succédé à la prairie, et le nombre de chevaux a diminué considérablement, tant par la perte de leur habitat naturel que par le prélèvement cynégétique de l'homme. Il y a 5 000 ans, les premiers chevaux sauvages, parmi les rares qui restaient, furent domestiqués en Europe de l'Est puis de l'Ouest (pp. 22-23). Tous les chevaux domestiques descendent de ces chevaux-là et se regroupent en une seule sous-espèce, « Equus p. caballus ». Toutefois, il a subsisté jusqu'à une période assez récente deux sous-espèces du cheval sauvage : le tarpan, « Equus p. gmelini », en Russie ; le cheval de Prjewalski, « Equus p. przewalskii », en Mongolie.

CHEVAUX SAUVAGES D'ANTAN
Au XVIIIe siècle, des voyageurs traversant les steppes de Russie ont fait état de troupeaux de petits chevaux sauvages, certains d'entre eux étant probablement issus de chevaux domestiques (pp. 36-37). Les derniers tarpans disparurent au début du XIXe siècle. De nos jours, en Pologne, on a recréé à partir de races anciennes, comme le konik, un type de poney très proche du tarpan.

UN PONEY ANGLAIS TRÈS ANCIEN
L'exmoor est un poney de race très ancienne qui ressemble beaucoup au tarpan et au poney sauvage de l'Europe de l'Est. Ils vivent en troupeaux dans les landes d'Exmoor, au sud-ouest de l'Angleterre.

UN CHEVAL BLANC TRAVERSE LE TEMPS
Pour les Celtes, qui vivaient en Europe de l'Ouest environ 500 ans avant notre ère, le cheval blanc était sacré. C'est vers cette époque que la silhouette d'un cheval fut gravée dans la craie des collines d'Uffington, dans le sud de l'Angleterre.

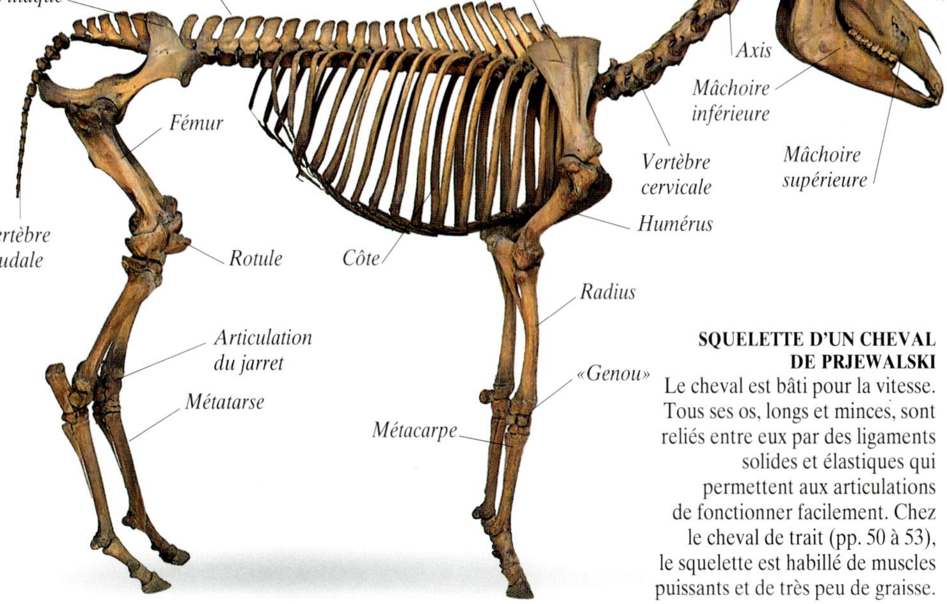

SQUELETTE D'UN CHEVAL DE PRJEWALSKI
Le cheval est bâti pour la vitesse. Tous ses os, longs et minces, sont reliés entre eux par des ligaments solides et élastiques qui permettent aux articulations de fonctionner facilement. Chez le cheval de trait (pp. 50 à 53), le squelette est habillé de muscles puissants et de très peu de graisse.

LE CHEVAL DE PRJEWALSKI
A la fin du XIXe siècle, un explorateur russe, le colonel Prjewalski, découvrit dans les steppes de Mongolie des chevaux sauvages. Quelques-uns, amenés en Europe, se reproduisirent très bien dans des zoos et furent même exportés en Amérique. A l'état sauvage, le cheval de Prjewalski n'existe plus depuis une trentaine d'années, mais on en réintroduit aujourd'hui en Mongolie à partir de troupeaux élevés en captivité.

Groupe de chevaux de Prjewalski

PEINTURES RUPESTRES
Le cheval sauvage, *Equus przewalskii,* a été peint dans les célèbres grottes de Lascaux par des chasseurs de la fin de l'ère glaciaire, il y a environ 14 000 ans.

L'ÂNE SAUVAGE D'AFRIQUE
Ancêtre de tous les ânes domestiques (pp. 24-25), *Equus asinus* se trouve encore, mais en très petit nombre, dans l'est du Sahara. Il est menacé d'extinction.

LES CHEVAUX DE L'HISTOIRE

La plus ancienne preuve de la domestication du cheval que nous possédons remonte à 6000 ans, dans les steppes de l'Ukraine, au nord de la mer Noire, où des peuplades vivaient avec des troupeaux de chevaux et de bétail. Au même moment, l'âne sauvage d'Afrique (pp. 16-17) était domestiqué dans l'ancienne Égypte et en Arabie. Tout d'abord, chevaux et ânes furent seulement attelés par paires à des chars, qui bientôt devinrent le symbole des rois qui les menaient à la bataille, aux parades ou à la chasse. À l'époque d'Homère, le grand poète grec du IXe siècle av. J.-C., chevaux et ânes étaient montés ; ils étaient devenus un moyen de transport habituel (pp. 46 à 49), mais les chars restaient un instrument de guerre (pp. 42-43). Les Grecs et les Romains de la période classique construisirent des stades et organisèrent, pour des foules immenses, des courses de chars (pp. 58, 60).

LES CHEVAUX DU SOLEIL
Cette tête de cheval, provenant du Parthénon (Ve siècle av. J.-C.) à Athènes, est l'une des plus belles sculptures de tous les temps. La légende veut qu'il s'agisse de l'un des quatre chevaux qui tiraient chaque jour le char du Soleil, de l'Orient à l'Occident.

ÂNES HARNACHÉS
Voici une très ancienne représentation sur mosaïque d'ânes attelés à un char à 4 roues ; elle fut découverte dans une tombe royale de la ville d'Ur en basse Mésopotamie (vers 2500 av. J.-C.).

COURSIER VOLANT
Pégase était un cheval ailé mythique qui, selon les anciens Grecs, avait jailli du cou de Méduse lorsque Persée, fils de Zeus, avait tranché la tête de ce monstre. Le cheval s'envola vers l'Olympe où il se mit au service de Zeus. Il fut capturé par Athéna, la déesse de la Raison, qui le dressa avec une bride d'or pour l'offrir à Bellérophon. Après la mort de celui-ci, Pégase remonta chez les dieux. Il fut transformé en constellation. Cette gravure étrusque sur bronze date d'environ 300 ans av. J.-C.

CHEVAL DE GUERRE
Cette terre cuite trouvée à Chypre représente sans doute un guerrier assyrien (VIIe siècle av. J.-C.) ; il tient un bouclier, son cheval porte une cuirasse au poitrail et un cimier.

MI-HOMME, MI-CHEVAL
Le mythe des centaures, mi-hommes, mi-chevaux vivant dans les montagnes, pourrait provenir d'anciens Grecs qui, voyant pour la première fois en Thessalie des cavaliers, crurent que c'était de nouvelles créatures. Cette sculpture du Parthénon (temple d'Athéna Parthénos construit à l'initiative de Périclès au Ve siècle av. J.-C.) montre le combat entre un centaure et un Lapithe, habitant de Thessalie.

LES QUATRE CHEVAUX DE VENISE
Attribués à un sculpteur grec du nom de Lysippe (né à Sicyone vers 390 av. J.-C.), ces magnifiques chevaux de bronze furent transportés en 1204 de Constantinople (aujourd'hui Istanbul) à la basilique Saint-Marc de Venise. Expédiés à Paris par Napoléon Bonaparte en 1797, ils furent restitués aux Vénitiens en 1815.

MARQUE INDÉLÉBILE
Le marquage au fer est utilisé depuis plus de 2000 ans. On le considère comme un titre de propriété du cheval. Cette mosaïque fut découverte à Carthage (cité fondée en 814 av. J.-C. par les Phéniciens en Tunisie) et montre le passe-temps favori des riches propriétaires terriens : la chasse.

LES CHEVAUX CHINOIS
Les Chinois ont toujours vénéré leurs chevaux, et, pendant la dynastie Tang (de 618 à 907), de nombreux modèles de terre cuite furent créés, dont la valeur artistique est encore appréciée aujourd'hui. Fabriqués en pièces détachées qui étaient assemblées ensuite, ils étaient peints au cobalt, une substance bleutée extrêmement rare à cette époque.

LA GUERRE DE TROIE
Les Grecs prirent la ville de Troie, au XIIe siècle av. J.-C., en cachant des soldats dans un gigantesque cheval de bois que les Troyens, pensant qu'il avait été abandonné, poussèrent à l'intérieur de leurs murs. Des soldats en sortirent pour ouvrir les portes de la cité au reste de l'armée grecque.

L'ÂNE NE BÂCLE PAS SON TRAVAIL

L'âne domestique, « Equus asinus asinus », descend de l'âne sauvage d'Afrique, « Equus asinus » (pp. 16-17), qui vit dans les régions arides du Sahara et de l'Arabie. Dans cet environnement hostile, il s'est forgé une force et une endurance qui lui permettent de porter patiemment de lourdes charges sur de longues distances, en buvant et en s'alimentant très peu. C'est pourquoi le patient animal fut élevé un peu partout dans le monde pour le bât et divers travaux agricoles. En France, cependant, ce qui a surtout fait la valeur de l'âne, c'est la facilité de son accouplement avec la jument ; c'est comme père du mulet (pp. 26-27) qu'il fut précieux. De nos jours, l'âne n'est plus employé aux travaux de la ferme, mais son caractère doux le fait rechercher comme animal de compagnie. Ce qui lui convient bien, car, comme tous les Équidés, il a besoin d'une société pour s'épanouir.

JÉSUS SUR UN ÂNE
A l'époque du Christ, l'âne était un moyen de transport courant à Jérusalem. C'est la monture qu'emprunta la sainte Famille pour fuir en Egypte. Et c'est sur un âne, symbole d'humilité, que Jésus fit son entrée triomphale à Jérusalem, le jour des Rameaux.

VERS DE NOUVEAUX PÂTURAGES
Dans le sud de l'Espagne, l'âne est encore utilisé pour les travaux de la ferme. Ces jeunes paysans montés sur un âne mènent leurs chèvres aux champs.

ÊTRE SUR LA PAILLE
Il est encore fréquent, dans les pays méditerranéens, de voir des ânes piétiner l'aire de battage où la paille et le grain sont séparés.

DE CORVÉE D'EAU
Dans le désert, l'eau est la plus précieuse des ressources, et, souvent, il faut aller la chercher loin. Cette Tunisienne porte son enfant sur son dos et mène un âne au puits.

Voiture à âne du milieu du XIXe siècle

Une famille : le mâle (5 ans), la femelle (9 ans) et leur petit de 11 mois

LES GÉANTS DU POITOU
L'élevage mulassier est une tradition vendéenne et poitevine. On croisait des juments de bonne taille avec des baudets du Poitou pour produire de solides mulets de travail (pp. 26-27). Mesurant 142 cm au garrot et portant un poil long et de couleur sombre, le baudet du Poitou est le plus grand de tous les ânes. Chaque année, a lieu à Mirebeau, dans la Vienne, une importante foire aux ânes.

MÉMOIRES D'UN ÂNE
Femme de lettres française, Sophie Rostopchine, comtesse de Ségur (1799-1874), est l'auteur de nombreux ouvrages pour les enfants, dont *Mémoires d'un âne*, qui relate dans un récit édifiant les aventures de l'âne Cadichon.

ÂNES AFRICAINS
Ces ânes, qui vivent en semi-liberté sur les terres d'une vaste exploitation kenyane, s'abreuvent à un point d'eau. Ils doivent savoir se défendre des panthères, des hyènes et des autres prédateurs.

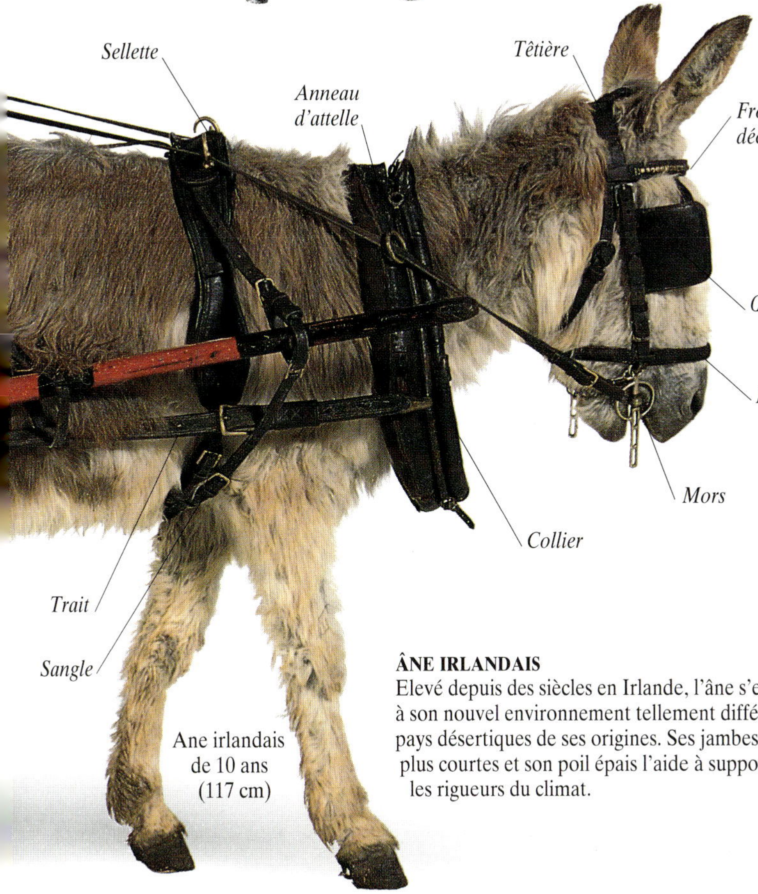

Ane irlandais de 10 ans (117 cm)

ÂNE IRLANDAIS
Elevé depuis des siècles en Irlande, l'âne s'est adapté à son nouvel environnement tellement différent des pays désertiques de ses origines. Ses jambes sont plus courtes et son poil épais l'aide à supporter les rigueurs du climat.

L'ÂNE BLANC
Aujourd'hui considérés comme des animaux de compagnie, les ânes font l'objet de croisements pour améliorer leur apparence, comme ceux-ci, au poil blanc et bouclé. Il y a très longtemps, les ânes blancs étaient les montures favorites des rois.

MULETS ET BARDOTS, DE VIGOUREUX MÉLANGES

Ce sont les Sumériens, en Mésopotamie, qui, il y a plus de 4000 ans, furent les premiers à croiser des chevaux et des ânes pour produire des mulets et des bardots. Des auteurs romains racontent comment on élevait des ânes mâles dans un troupeau de chevaux pour les habituer à leur futur rôle d'étalon. Pendant de nombreux siècles, les mules et les mulets ont été utilisés pour le bât (pp. 46-47). Ils peuvent porter d'énormes charges car ils combinent l'endurance de l'âne et la force du cheval. Les mulets aiment la compagnie et s'utilisent au mieux lorsqu'ils sont plusieurs. Ainsi, autrefois, on les dressait à suivre l'un des leurs muni d'une cloche, ce qui permettait les déplacements durant la nuit. Toutes les espèces de la famille des Équidés peuvent se croiser entre elles (pp. 18-19), mais les hybrides, même s'ils sont en pleine santé, sont toujours stériles. Le mulet est souvent plus grand que l'âne et parfois que le cheval.

Ce mulet mange de l'avoine dans une musette à picotin suspendue derrière ses oreilles. Cela évite de le dételer durant une dure journée de travail.

ÉQUIPAGES POUR L'ÉTERNITÉ

Cette fresque ornant une tombe égyptienne de 1400 av. J.-C. montre, au-dessus, une paire de chevaux attelés à un chariot. En dessous, deux bardots blancs, eux aussi harnachés; leurs petites oreilles, leur encolure droite, la bande noire sur l'épaule et la queue en houppette indiquent qu'il s'agit bien là de bardots.

ATTELÉS À LA TÂCHE

Les charrettes à mulets sont toujours utilisées en Asie et n'ont guère changé depuis 3000 ans. Cependant la méthode de harnachement s'est améliorée; elle est passée du timon central entre deux chevaux aux brancards, inventés il y a environ 2 000 ans. Cette charrette pleine de produits de la ferme, légumes, fruits, canards, se rend au marché du village.

Mulet de 14 ans (140 cm au garrot) tirant un chariot vieux de 150 ans, en Inde

CLASSE TOURISTE
Tout le monde aime, à l'occasion, faire un petit tour en voiture à cheval. Même dans les plus grandes villes, comme ici la Nouvelle-Orléans, aux Etats-Unis, c'est encore possible.

SÛREMENT, ET PAS SI LENTEMENT...
Les mulets allaient plus vite que les bœufs et avaient le pied plus sûr que les chevaux. C'est pourquoi les colons d'Amérique du Nord (pp. 34-35) utilisaient ces animaux dans leur périple sur les mauvais chemins et dans la boue. On utilisait aussi les mulets à des fins militaires et dans les mines.

Bardot de 8 ans

HISTOIRE DE CROISEMENTS

Les hybrides créés à partir des chevaux et des ânes sont toujours d'une santé meilleure et plus forts que leurs parents. Lorsque l'on croise une jument avec un baudet, on obtient une mule ou un mulet, qui ressemble beaucoup au cheval. Lorsqu'une ânesse est saillie par un cheval, elle donne naissance à un bardot ressemblant plus à sa mère qu'à son père. En règle générale, un mulet est plus fort qu'un bardot.

TÊTU COMME UN BARDOT
Un bardot ne va pas facilement là où l'on voudrait le faire aller. Faute de bien le comprendre, l'homme lui a fait la réputation d'être têtu. En fait, c'est un animal intelligent mais grégaire. Il n'aime pas aller seul dans un endroit nouveau pour lui, mais, lorsqu'il est habitué à suivre quelqu'un ou un autre bardot, il passe partout, même dans les endroits les plus dangereux.

Cette mule est manifestement en colère (p. 12).

Fer et clous usagés

LE MARÉCHAL-FERRANT EST À PIED D'ŒUVRE

Le sabot est l'enveloppe cornée qui contient les parties vivantes du pied. Il est formé de trois éléments principaux : la paroi, ou tout ce qui se voit quand le pied repose à terre ; la sole, sur le pourtour de laquelle on cloue le fer ; la fourchette, en forme de « V », qui recouvre le coussinet plantaire. Le sabot est constitué de kératine, protéine identique à celle du cheveu et de l'ongle humains. Comme eux, il peut être taillé sans douleur pour l'animal. Les sabots d'un cheval s'usent de façon égale s'ils évoluent sur une surface dure et uniforme. Mais si le terrain est pierreux, ils vont se fendre et se casser ; s'il est souple et boueux, ils deviendront trop longs et pourriront. Il est donc nécessaire de ferrer les chevaux, et c'est le rôle du maréchal-ferrant, dont le métier est redevenu d'actualité grâce au développement de l'équitation de loisir.

1 **DÉFERRAGE DU CHEVAL**
Le cheval attend patiemment, tandis que le maréchal-ferrant coupe les vieux clous et enlève le fer usé.

FERRURE INDIENNE
Les méthodes de ferrure sont pratiquement les mêmes dans le monde entier depuis des siècles. On voit ici trois hommes ferrant un cheval, à l'époque des empereurs moghols, vers 1600, dans l'Inde du Nord. Leurs outils sont représentés distinctement.

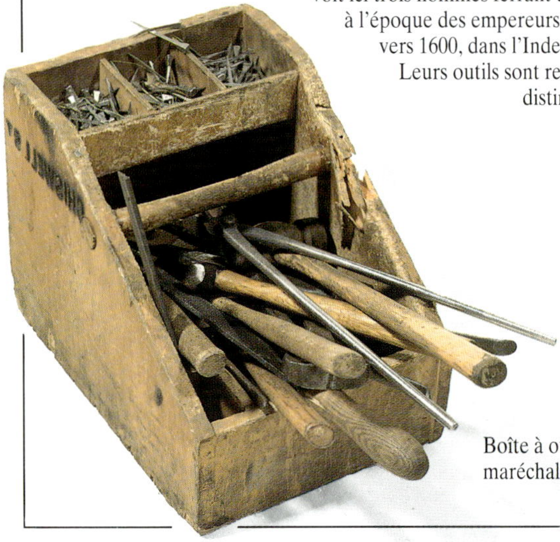
Boîte à outils de maréchal-ferrant

DES FERS ORTHOPÉDIQUES
Le maréchal-ferrant dispose d'un grand choix de fers de toutes les formes qui lui permettent de corriger un aplomb défectueux, soulager une blessure, protéger la sole, etc. Des fers à crampons permettent au cheval de se déplacer sur la glace.

Ses muscles puissants lui permettent de faire de gros travaux.

Ferrage d'un shire de 4 ans

PORTE-BONHEUR
Partout dans le monde, le fer à cheval est porte-bonheur. On dit qu'il doit être accroché la partie ouverte placée en haut, sinon la chance en sortirait, comme un liquide s'échapperait d'un récipient renversé. Ci-dessus, ce fer à cheval du Ier siècle apr. J.-C. a été trouvé dans le sud de l'Angleterre.

Repousse de corne coupée

2 NETTOYAGE DU PIED
La partie usée et la repousse de la sole sont coupées à l'aide d'une rénette et d'une mailloche.

3 FER AU FEU
Le nouveau fer est chauffé au rouge (1 000 °C) avant d'être façonné sur l'enclume à l'aide d'un lourd marteau. On perce ensuite les trous, ou étampures, pour les clous.

4 PRISE D'EMPREINTE
Après avoir porté le fer au rouge, on le présente sur le pied pour marquer l'empreinte, puis on le fait refroidir dans l'eau. Le sabot dégage une forte odeur de grillé et beaucoup de fumée, sans que le cheval s'en inquiète.

6 FINITIONS
Le bord du sabot est raboté, ainsi que la paroi du pied juste en dessous des clous avant que le maréchal ne les rabatte avec sa mailloche. Les clous doivent faire corps avec le sabot, le bord du pied et celui du fer doivent être parfaitement ajustés.

5 POSE DES CLOUS
Des clous spéciaux sont enfoncés dans les étampures, et ressortent à mi-hauteur à l'extérieur du pied. La partie qui dépasse est coupée à la pince, ce qui reste est rabattu vers le bas.

SANDALE POUR CHEVAUX
Le fer à cheval fut inventé après la période romaine, mais, déjà, les Romains utilisaient une «hipposandale» (du grec *hippos*, «cheval») faite d'osier ou de métal et attachée au pied par des courroies de cuir.

Hipposandale (France, Ier- IIIe siècle)

Cavalière en amazone

MORS, ÉTRIERS, ÉPERONS… CES DÉTAILS QUI FONT LE CAVALIER

Les premiers chevaux et ânes domestiques étaient probablement montés à cru et conduits par une corde attachée à la mâchoire inférieure et passant dans la bouche sur les « barres » (espace entre les incisives et les molaires). C'est toujours de cette façon archaïque que l'on dirige les ânes en Grèce et en Turquie. Les premiers mors furent en cuir, en os ou en bois avant d'être remplacés par du bronze, vers 1500 av. J.-C., puis par du fer. Jusqu'à la fin de l'Empire romain, personne n'utilisait de selle, le cavalier se contentant d'une sorte de tapis, et les étriers n'apparurent en Europe qu'au VIIIe siècle. Cela n'a pas empêché les barbares d'Asie centrale, ou plus tard les Peaux-Rouges, de décocher des flèches en plein galop. Les plus redoutables cavaliers de l'Antiquité étaient les Scythes, peuple d'origine iranienne qui s'établit dans les steppes du nord de la mer Noire à partir du XIIe siècle av. J.-C. Ils harnachaient leurs chevaux avec faste et se faisaient enterrer avec eux sous de grands tumulus.

CLOCHETTES DES NEIGES
Le tintement des cloches et grelots fixés au harnais des chevaux permettait aux sauveteurs de localiser des voyageurs dans la neige.

UNE VIE DE CHEVAL !
La vie était dure pour les chevaux européens du XIIIe siècle qui avaient à subir des mors à piquants et des éperons acérés ou à molette (p. 44).

Molette

Eperon à molette (longueur 25 cm) fait de fer et de cuivre (Europe de l'Ouest, début du XVIe siècle)

Boucle de cuivre

Molette

Petit éperon en fer et à molette (4 cm) se fixant directement sur la chaussure (XVIIe siècle)

Boucle d'attache pour passer une lanière de fixation

Pointe de l'éperon

Eperon mauresque en fer (29 cm) du début du XIXe siècle

LE PIED À L'ÉTRIER
On pense que ce sont les Chinois qui ont inventé l'étrier vers le Ve siècle de notre ère. L'usage s'en répandit peu à peu à l'Ouest et modifia la physionomie des batailles (pp. 44-45), car il permettait aux cavaliers de manier de lourdes armes sans risquer de tomber.

Etrier bulgare en fer (IXe siècle apr. J.-C.)

Etrier en fer forgé ouvragé (Espagne, XVIIe siècle)

Cuivre travaillé

Etrier de bois peint, français ou italien, de la fin du XVIIIe siècle

Motif de dragon

Etrier chinois du XIXe siècle, surmonté de deux dragons

Mors brisé irlandais du début de notre ère

Détail de la tapisserie de Bayeux, vers 1080

DÉFAITS PAR LES CAVALIERS
Au cours de la bataille d'Hastings, en 1066, les 7 000 hommes amenés de Normandie par Guillaume le Conquérant se battirent contre les Anglais. Ceux-ci prétendent que l'une des raisons de leur défaite est qu'ils se battaient à pied tandis que les Normands étaient à cheval et faisaient usage d'éperons.

LE MORS AUX DENTS
Il existe trois principales sortes de mors. Le plus simple est le filet, brisé en son milieu et doux à la bouche du cheval; le mors de bride faisant levier grâce à la longueur de ses branches et sa gourmette; enfin le pelham qui est une combinaison des deux avec deux doubles rênes.

Mors bulgare du début de notre ère

Mors de bride fait de cuivre et d'acier (Europe, XVIe siècle)

Mors de bride portugais (11 cm), fait d'acier et de cuivre, du XIXe siècle

UNE AMAZONE COMME IL FAUT
Ce lipizzan gris est monté en amazone. Ce style d'équitation se pratique encore dans les compétitions de dressage, mais c'était autrefois la seule façon convenable pour une femme de monter à cheval, et aussi la plus pratique. Le bon cheval d'amazone trotte à l'amble, c'est-à-dire qu'il déplace l'antérieur et le postérieur du même côté en même temps, se rendant ainsi plus confortable.

Double anneau de rêne (Angleterre, début de notre ère)

Pièce de bronze servant à joindre entre elles plusieurs sangles (Angleterre, début de notre ère)

Pièce de harnachement égyptienne, du Ier siècle avant J.-C.

VIKING À CHEVAL
Ce cavalier, sculpté au XIIe siècle dans une défense de morse, est l'un des pions d'un jeu d'échecs trouvé dans l'île de Lewis, au large des côtes écossaises.

LE CHEVAL, MONTURE DES CONQUÉRANTS

Sans le cheval et l'âne, l'histoire de l'humanité eût été différente. Les civilisations auraient évolué là où elles se trouvaient sans que les hommes pussent voyager à travers le monde à la recherche de nouveaux espaces à habiter. Il n'y aurait pas eu de croisades et les Européens n'auraient pas détruit les cultures indigènes des pays d'Amérique. Une force d'invasion efficace nécessitait des transports rapides pour l'acheminement des armes et des vivres, faute de quoi elle était sans ressources contre les défenses d'une communauté sédentaire bien installée. En 1000 av. J.-C., le cheval était déjà un moyen de déplacement très utilisé, mais ce n'est que 2 000 ans après, au XIe siècle, que se généralisèrent les fers, la selle et les étriers. Dès lors, il devint extrêmement important pour la guerre (pp. 42-45), et de grands voyageurs, tel Marco Polo, purent couvrir, à travers l'Europe et l'Asie, des distances qui aujourd'hui encore paraissent longues, même en avion.

TEMÜDJIN, KHAN DES MONGOLS
Gengis Khan (1167-1227) fut le fondateur de l'Empire mongol. En une vingtaine d'années, il conquit d'immenses territoires, de Pékin à la Volga, grâce à sa très puissante cavalerie.

Paire de cavaliers étrusques en bronze (500 av. J.-C.)

ARCHERS D'UN AUTRE ÂGE
Ces deux élégants bronzes étrusques, trouvés en Italie du Nord, datent de 500 av. J.-C. Ils montrent comment, même sans selle et sans étriers, les cavaliers scythes pouvaient décocher leurs flèches en plein galop. Le second archer tire en se retournant, comme le faisaient les Parthes et tous les cavaliers nomades des steppes d'Asie centrale.

Statue de l'empereur Charlemagne

CHARLES 1er LE GRAND
En 796, Charlemagne (742-814), roi des Francs et des Lombards, mena à la bataille contre les Avars, en Hongrie, plus de 15 000 cavaliers. En 800, il fut sacré empereur d'Occident. Son empire s'étendait du Danemark à l'Italie centrale et de la France à l'Autriche.

BIEN EN SELLE
Cette selle en bois tibétaine du XVIIIe siècle, ornée de motifs ciselés en or et en argent, ressemble sans doute à celle qu'a utilisée, 500 ans plus tôt, Gengis Khan.

Selle tibétaine du XVIIIe siècle

ALEXANDRE LE GRAND

Bucéphale est le cheval le plus célèbre de tous les temps. Cet étalon noir appartenait à Alexandre le Grand (356-323), roi de Macédoine à 20 ans. C'est avec lui que le jeune Grec conquit le monde, de la Grèce à l'Egypte et jusqu'en Afghanistan. Il eut la douleur de le perdre lors d'une bataille près de l'Indus, en 326 av. J.-C.; sur son tombeau, il fonda la ville de Bucéphalie.

Cette frise de pierre, qui fait partie d'un sarcophage syrien, représente à gauche Alexandre le Grand sur son cheval Bucéphale.

L'ICÔNE D'UN CHEVALIER

Cette icône de saint Georges, mort martyr au IIIe siècle, est l'œuvre d'un croisé du XIIIe siècle.

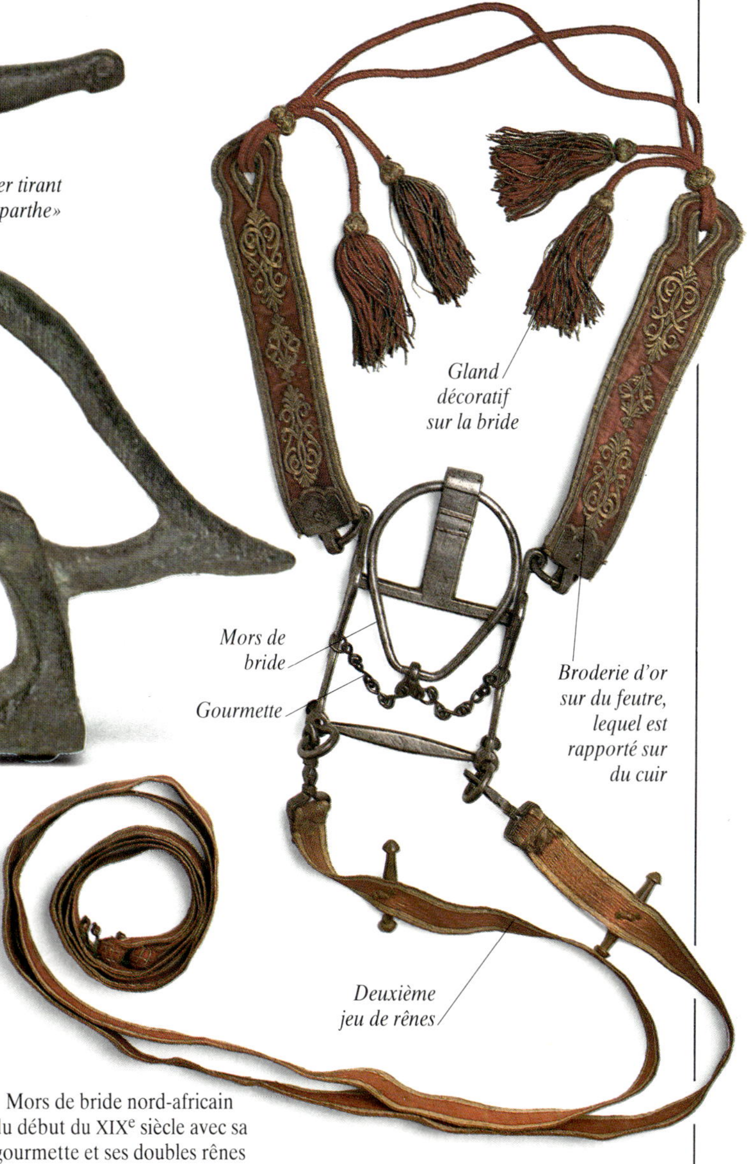

Mors de bride nord-africain du début du XIXe siècle avec sa gourmette et ses doubles rênes

MONTURES EN OR

Cet attelage à quatre chevaux est en or et date du Ve siècle av. J.-C. Il provient de l'ancien Empire achéménide perse (actuellement l'Iran). Il fait partie d'un trésor découvert près de l'Amou-Daria, en Asie centrale.

DE BELLES COIFFURES
Lors des cérémonies, les chefs sioux, qui vivaient dans les plaines du nord et de l'ouest des Etats-Unis, portaient de très belles coiffures faites de plumes de dindons sauvages. Ils montaient à ces occasions leurs meilleurs chevaux.

À LA DÉCOUVERTE DES AMÉRIQUES

Avant l'arrivée des premiers Européens en 1492, le continent américain était très largement peuplé d'indigènes qui s'y étaient fixés à partir de 25 000 av. J.-C. Les immigrants luttèrent contre eux et s'adjugèrent de vastes territoires, car ils disposaient de moyens de transport rapides : les chevaux et les mulets qu'ils avaient embarqués avec eux. Nombre de ces bêtes s'échappèrent ou furent abandonnées, et se reproduisirent à l'état sauvage. En moins de 100 ans, elles s'étaient réparties sur toutes les vastes étendues herbeuses du continent (pp. 36-37). Les peuples indigènes du Nord et du Sud se rendirent compte du profit qu'ils pouvaient tirer des chevaux. Ils firent du troc avec les Espagnols pour s'en procurer et, très vite, apprirent à les contrôler et à les monter avec autant d'adresse que les anciens Scythes.

LA GUERRE DE FAUCON NOIR
Comme les autres tribus d'Amérique du Nord, les Sauks et Fox utilisaient leurs chevaux pour le transport, la chasse et la guerre. L'un de leurs chefs, Keokuk (1770-1848), représenté ici, négocia un traité en 1830 avec les Blancs, par lequel il cédait de grands territoires. Mais Faucon Noir, un autre chef de la tribu, préféra défendre sa terre avec les armes et fut vaincu en 1832.

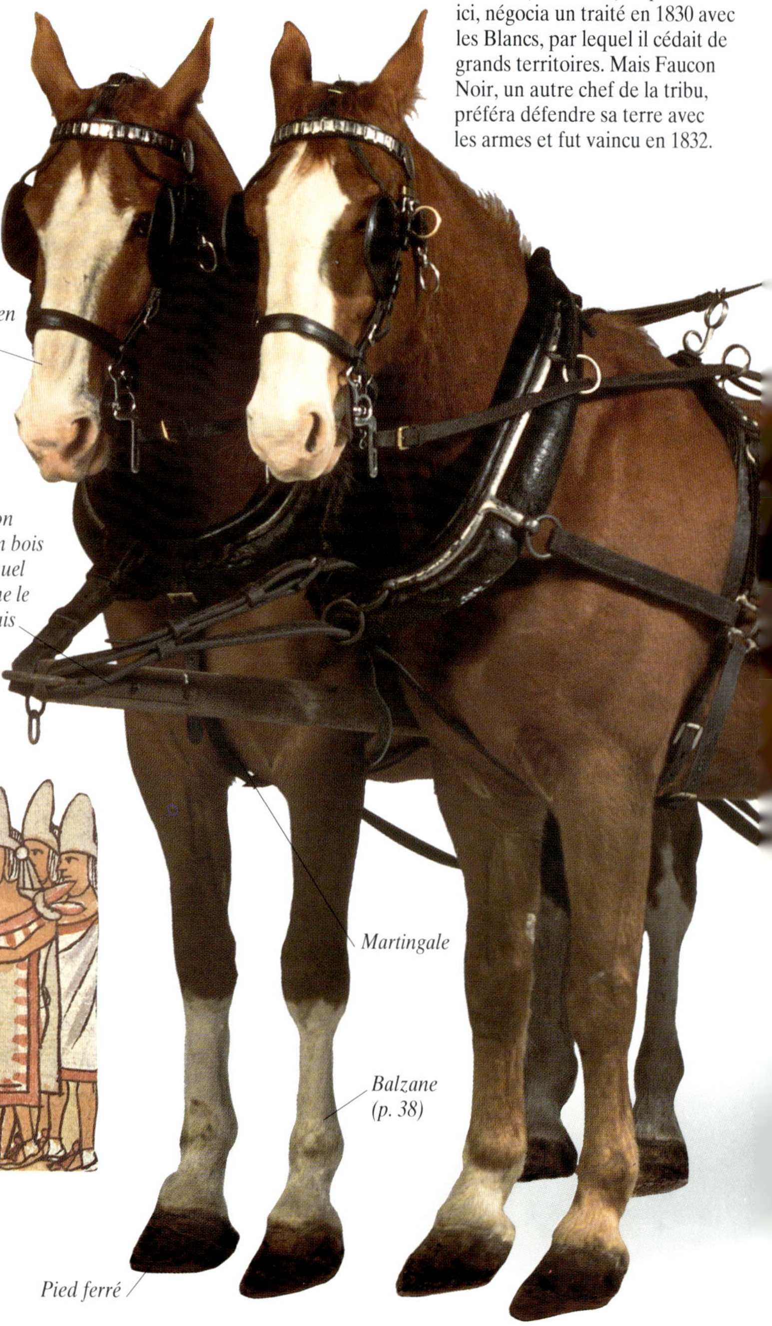

BÊTES DE SOMME
Avant l'installation du chemin de fer, la seule façon de traverser le continent avec un chargement était l'attelage de 6 mulets ou plus (pp. 26-27). Le chariot lourdement lesté pouvait ainsi franchir des terrains accidentés ou boueux.

LES CONQUISTADORES
Vers 1520, les colons espagnols amenèrent avec eux des chevaux de race andalouse (pp. 40-41), dans le Nouveau Monde où les Equidés avaient disparu depuis 10 000 ans. Ici des Indiens, probablement des Aztèques, offrent au conquérant du Mexique, Fernand Cortez (1485-1547), un collier précieux.

LA CONQUÊTE DE L'OUEST
Au début du XIXe siècle, les premiers Américains à atteindre le Pacifique furent des trappeurs, des commerçants et des missionnaires. En 1843, l'année de la «Grande Emigration», plus de 1 000 pionniers traversèrent le continent nord-américain pour différents points du Far West, affrontant mauvais temps, maladie et malnutrition. Chaque soir, les chariots formaient un cercle pour se protéger des dangers extérieurs.

LE PREMIER «MOBILE HOME» AMÉRICAIN
Les immigrants voyageaient à travers l'Amérique du Nord dans un chariot couvert, appelé «schooner» ou «vaisseau de la prairie», nom bien choisi car le chariot traversait souvent des rivières. La vie y était dure et ils devaient savoir tout faire : ferrer un cheval (pp. 28-29), réparer une roue, cuire le pain et soigner les malades.

Paire de gelderlands (166 cm au garrot) tirant un «vaisseau de la prairie»

LE COW-BOY DU SUD
Les gauchos des plaines d'Amérique du Sud (pampas) ont des origines indiennes et espagnoles. Comme les cow-boys du Nord, ils passent leur vie en selle à rassembler le bétail avec adresse.

ON ACHÈVE BIEN LES CHEVAUX SAUVAGES

Il n'existe plus véritablement de chevaux sauvages : les derniers spécimens étaient des chevaux de Prjewalski (pp. 20-21) qui survécurent en petit nombre dans les steppes de Mongolie jusqu'en 1960 environ. On rencontre néanmoins, un peu partout dans le monde, des troupeaux d'anciens chevaux domestiques retournés à l'état sauvage qui se reproduisent librement. Dans les deux Amériques, ce sont les montures des premiers Européens (pp. 34-35) arrivés à la fin du XVe siècle qui ont donné naissance à ces troupeaux ; en effet, nombre de chevaux abandonnés se sont répandus et ont prospéré dans les immenses prairies. De nos jours, la population de chevaux sauvages du Wyoming et de mustangs, aux États-Unis, de brumbies, en Australie, est contrôlée. Moins nombreux que par le passé, ils sont souvent tués par les chasseurs, comme en Australie, ou capturés pour être de nouveau domestiqués.

LE PONEY FELL
Il existe en Angleterre une grande variété de poneys vivant à l'état semi-sauvage dans les landes, comme par exemple le poney fell, représenté ici. Celui-ci est traditionnellement utilisé pour le bât, la selle ou les petits travaux (pp. 54-55).

LE DÜLMEN ALLEMAND
Ce poney rare vit sur les terres du duc de Croÿ en Westphalie, à l'ouest de l'Allemagne. Il n'est pas de pure race, car il a été croisé avec des souches anglaises et polonaises. Il existe depuis le début du XIVe siècle.

Tête bien proportionnée

La couleur de la robe varie du bai au brun et au gris, mais elle n'est jamais pie noir ou pie marron (pp. 39, 41).

De solides membres supportent un corps robuste et charpenté.

Pied bien formé, corne solide

LE BRUMBY AUSTRALIEN
Depuis 150 ans, des troupeaux de chevaux se sont constitués, en Australie, à partir de ceux abandonnés par des aventuriers, après la ruée vers l'or, au milieu du XIXe siècle. Les brumbies se multiplièrent très rapidement et devinrent une calamité pour les éleveurs de bétail et de moutons, car ce sont de voraces herbivores et des porteurs de parasites. Depuis les années 1960, ils sont l'objet de mesures d'élimination sélective et leur nombre a beaucoup diminué.

LE MUSTANG
Des mustangs vivent encore à l'état sauvage grâce à des mesures de protection. Ils habitent le désert du Nevada (Etats-Unis) dans de rudes conditions.

CHEVAL SYMBOLIQUE
Le cheval sauvage, cabré ou au galop, est devenu symbole de liberté et d'élégance. Cette image est reprise par des industriels, comme ici Ferrari qui associe la puissance des voitures à celle du noble animal.

PETIT MATIN EN CAMARGUE
Depuis la préhistoire, ce rustique cheval gris vit dans les marécages du delta du Rhône. En réponse à l'environnement, son pied large s'est adapté au sol spongieux du marais. Monté par un gardian, le camargue sert à rassembler les troupeaux.

La taille des poneys new forest varie de 127 à 147 cm.

LE PONEY NEW FOREST
Dès le XIe siècle, des chevaux ont habité les forêts du Hampshire, au sud de l'Angleterre. Le new forest est originaire de cette région où il a vécu à l'état sauvage pendant 800 ans. Au XIXe siècle, des étalons d'autres races ont été introduits dans cette population pour l'améliorer. Le new forest, qu'on laisse encore vivre en liberté, est un poney idéal pour l'équitation ou la conduite de petits attelages.

ILS ONT LE SANG CHAUD OU FROID

Les différentes races de chevaux sont souvent divisées par les éleveurs en trois groupes. D'abord les sang-chaud : ce sont les arabes et les chevaux de course. Ils n'ont pas le sang plus chaud qu'une autre race mais descendent tous des chevaux arabes et barbes, qui sont originaires des pays chauds d'Afrique du Nord et d'Arabie. Ensuite viennent les sang-froid : ce sont les chevaux destinés aux travaux lourds et qui proviennent des pays du Nord (pp. 50-53). Enfin les demi-sang, qui sont un croisement entre les deux et qui fournissent aujourd'hui l'élite des chevaux de sport.

Les chevaux de course, eux, sont presque toujours des pur-sang et remontent tous aux trois fondateurs arabes de leur race élevés en Angleterre : Byerley Turk, qui fut mis au haras en 1690, Darley Arabian, qui y entra en 1704, et Godolphin Arabian, en 1731. Depuis 1791, tous les descendants de ces trois étalons figurent dans un livre de généalogie : le stud-book, tenu à jour scrupuleusement.

La robe grise implique une peau noire avec un mélange de crins noirs et blancs, comme chez ce connemara, le seul poney irlandais.

Ce trotteur d'Orloff russe est dit gris pommelé, car ses poils gris foncé forment des taches rondes, comme des pommes.

Palomino est une couleur, non une race. La robe est or avec un soupçon de noir, les crins sont blancs; comme chez ce poney haflinger, d'Autriche.

L'alezan varie du jaune d'or pâle au brun rouge, comme c'est ici le cas chez ce trotteur français de Normandie.

Un cheval est bai quand sa robe est brun roussâtre, ses crins et l'extrémité de ses membres noirs. Celui-ci est un cleveland bay anglais.

Pur-sang arabe de 4 ans de couleur bai acajou

Bai brun est un bai très soutenu, crins et extrémités noirs, comme chez ce nonius hongrois.

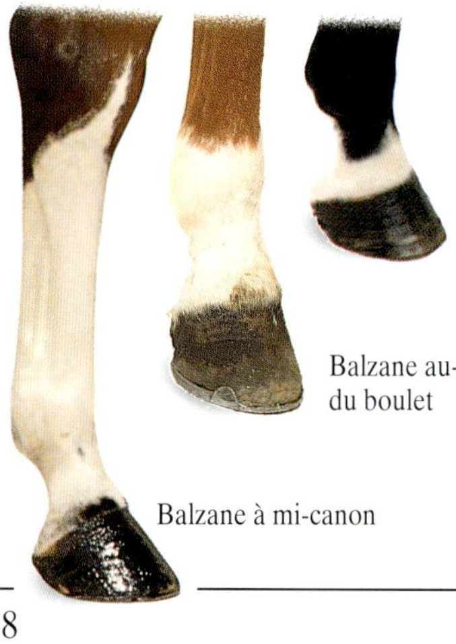

Principe de balzane

Balzane au-dessus du boulet

Balzane à mi-canon

BARBES ET BERBÈRES
Le plus pur et le plus recherché après le cheval arabe, le barbe est la monture traditionnelle des tribus berbères. Ici des cavaliers marocains exécutent une fantasia (démonstration équestre).

145 cm au garrot

Arabe de 15 ans, d'un gris très clair

LA COURBETTE
Parce que les chevaux sont beaux et faciles à dresser, ils font souvent partie du spectacle du cirque. Comme ici, ils semblent prendre plaisir à exécuter des mouvements difficiles.

EN VOIR DE TOUTES LES COULEURS
Dans cette peinture de l'école moghole (vers 1590), une corneille harangue une foule d'animaux. On distingue plusieurs chevaux dont les robes vont de l'alezan au skewbald (p. 41) en passant par le gris et le bai.

LA FOIRE AUX CHEVAUX
De tout temps et partout dans le monde, les chevaux ont été vendus et achetés lors de foires, comme le montre ce détail d'une toile du peintre anglais John Herring (1795-1865).

Tapis de selle brodé

L'ARISTOCRATIQUE CHEVAL ARABE
Sa tête est élégante, ses membres fins; il porte haut sa queue et son tempérament est ardent. Les Arabes tiennent à jour avec soin un livre de généalogie qui remonte peut-être à 1 000 ans.

DES ROBES DE TOUTES LES COULEURS

Chaque pays a produit sa propre race de chevaux, du poney de Manipouri indien au basuto d'Afrique du Sud, en passant par le percheron français. Chaque race est adaptée à son pays d'origine et chacune est propre à un certain usage. Elles se différencient par leur « modèle » : leur taille, la forme de leur corps, et par la couleur de leur robe avec ses signes particuliers (par exemple, du blanc sur les membres et sur la tête). On trouve des chevaux de toutes les tailles, du plus petit, le falabella, qui ne dépasse pas 76 centimètres au garrot, au plus grand, le shire, qui peut toiser 180 centimètres. De nombreuses superstitions sont liées à la couleur du cheval : certains Arabes prétendent que les chevaux bais sont malchanceux, à moins qu'ils n'aient du blanc aux extrémités ou sur la tête ; d'autres disent qu'une monture blanche est princière mais qu'elle craint la chaleur. Une autre croyance très répandue veut que les chevaux alezans soient rapides mais de caractère nerveux. En France, on dit : « Balzane (p. 38) une, cheval de fortune ; balzane deux, cheval de gueux ; balzane trois, cheval de roi ; balzane quatre, cheval à abattre. »

Pur andalou gris foncé de 7 ans monté par une cavalière en costume d'équitation traditionnel espagnol

NÉ SOUS UNE BONNE ÉTOILE
Il est fréquent de trouver chez le cheval une tache blanche sur le front entre les deux yeux; c'est une «étoile». Ce warmblood, race aujourd'hui considérée comme le cheval national danois, en donne un exemple. Une petite tache blanche entre les naseaux se nomme une pelote.

LISTE EN TÊTE
Une bande blanche, longue et étroite, qui s'étend des yeux aux naseaux s'appelle une «liste»; ainsi sur cet oldenburg, race établie dans le nord-ouest de l'Allemagne au XVIIe siècle. Un cheval est belle face quand la liste couvre tout le chanfrein (partie qui va du front aux naseaux).

BOIRE DANS SON BLANC
Lorsqu'une liste est longue, qu'elle s'étend jusqu'à la lèvre inférieure, on dit du cheval (ici un gelderland hollandais) qu'il boit dans son blanc.

ÉQUITATION CLASSIQUE
L'Ecole espagnole de Vienne, en Autriche, fut fondée en 1758. Elle n'emploie que des lipizzans.

LE CHEVAL DANS L'ART
La beauté, l'élégance et la force du cheval ont de tout temps fasciné les sculpteurs et les artistes (pp. 21, 22-23, 32-33). Dans ce tableau, le peintre allemand Franz Marc (1880-1916) a représenté des chevaux bleus.

On peut dire de ce magnifique frison hollandais qu'il est noir franc, parce que sa robe, sa crinière, sa queue et ses membres le sont. La robe du frison peut être tachetée de blanc.

LE CHEVAL ESPAGNOL
L'andalou est issu de croisements entre une race locale et des arabes et des barbes introduits en Espagne par les Maures au VIIIe siècle. La race survécut aux croisements anarchiques et aux guerres napoléoniennes grâce à son élevage rigoureux, depuis le XVe siècle, par des chartreux de trois monastères d'Andalousie. Généralement gris, ce cheval a été alezan ou noir.

La couleur rouan est soit fraise s'il y a mélange de crins alezans et gris, soit bleue s'il y a mélange de poils gris et noirs. Ce cheval de trait italien de la région de Venise répond au premier cas.

Tapis de selle de style espagnol

Démonstration de piaffer : deux membres à l'appui, deux en l'air et sur place

Les couleurs isabelle (jaune clair, membres, crinière et queue noirs) et souris (gris cendré et extrémités noires) se rencontrent très fréquemment chez certaines races de poneys. Ce fjord norvégien, qui porte également une «raie de mulet» de la tête à la queue, est isabelle.

Une robe tachetée peut l'être de cinq façons. Généralement des taches sombres se détachent sur une robe claire, comme sur ce falabella argentin.

Le terme skewbald s'applique à un cheval alezan à larges taches blanches. C'est le cas de ce pinto américain, race traditionnellement associée aux Indiens d'Amérique.

La couleur pie est le mélange de larges taches noires et blanches ou marron et blanches. Ce poney est un shetland, des îles écossaises du même nom.

LE CHEVAL S'EN VA-T-EN GUERRE

L'utilisation militaire du cheval est apparue, il y a 5000 ans, chez les peuples d'Asie centrale. Grâce aux attelages d'onagres et de chevaux, les hommes pouvaient se déplacer rapidement et causer ainsi de lourds dommages aux fantassins ennemis. Les premiers à posséder une véritable cavalerie furent les Scythes et les Parthes (pp. 32-33), mais c'est Alexandre le Grand, au IVe siècle av. J.-C., qui lui donna une part prépondérante au combat. À l'époque médiévale, l'armée eut besoin de chevaux solides porteurs car les armures et les armes étaient très lourdes. On perfectionna alors les mors, les selles furent mieux rembourrées, et on développa l'usage des éperons et des étriers. Avec l'invention du mousquet au XVIe siècle, la tenue des cavaliers fut allégée, on rechercha des chevaux plus souples et plus rapides. La cavalerie, à qui étaient confiées des missions de reconnaissance et de combat, connut son apogée sous le premier Empire. À la fin de la guerre de 1914-1918, les véhicules motorisés ont supplanté les chevaux.

LA MONTURE FAVORITE DE NAPOLÉON
Marengo était le cheval arabe gris que l'empereur (1769-1821) montait à la bataille de Waterloo en juin 1815. Il y fut blessé mais survécut jusqu'en 1829.

La tenue du cavalier est richement brodée d'or.

Chacune de ces timbales d'argent massif pèse 68 kg.

Ces doubles rênes sont recouvertes de fil d'or : la rêne de filet est reliée au pied du cavalier, la rêne de bride remonte à la main.

Les armoiries royales sont brodées d'or et d'argent fins sur la bannière en soie damassée du tambour.

Plumet de couleur, ou pompon, fait de crin de cheval (crin noir entouré de crin teint en rouge), pendant sous la gorge

LE TIMBALIER DU RÉGIMENT DE LA REINE
Aujourd'hui, le cheval timbalier n'est utilisé que lors des parades. Autrefois, avant l'ère de l'avion et du char, il marchait en tête, avec les trompettes, pour donner du courage aux hommes qui montaient à l'assaut. Ces tambours ont été offerts par le roi Guillaume IV d'Angleterre, en 1830, à son régiment de Life Guards (maison du roi).

Ce clydesdale de 15 ans porte deux timbales d'argent. Son cavalier appartient au régiment de la maison de la reine.

DON QUICHOTTE
En 1605, l'écrivain espagnol Miguel de Cervantès y Saavédra (1547-1616) crée le personnage de Don Quichotte. Celui-ci, dans l'une de ses plus fameuses aventures, monté sur sa jument Rossinante, charge à la lance les ailes d'un moulin à vent, accompagné de son fidèle écuyer Sancho Pança, juché sur un âne.

BRIGADE LÉGÈRE ET LOURDES PERTES
Le courage de la cavalerie britannique lors de la guerre de Crimée (1854-1856) fut célébré par lord Alfred Tennyson (1809-1892) dans son poème «La Charge de la brigade légère», où il évoque un épisode particulièrement meurtrier qui opposa les Anglais aux Russes à la bataille de Balaklava.

CAVALIER TIBÉTAIN
Pendant des siècles, et jusqu'au siècle dernier, la cavalerie tibétaine a utilisé une armure faite de fines lamelles de métal, attachées entre elles par des lanières de cuir durci. Ce type d'armure, couvrant aussi le cheval, se retrouve chez tous les guerriers nomades et chez les Mongols qui déferlèrent sur l'Asie et l'Europe de l'Est (p. 32).

Armure tibétaine, pour le cheval et le cavalier, utilisée entre le XVIIe et le XIXe siècle

Les premières ambulances, comme ce modèle de la Première Guerre mondiale, étaient tirées par deux chevaux ou deux mules.

CAVALERIE AUSTRALIENNE
Le waler (ainsi nommé parce qu'il fut importé il y a 200 ans dans les New South Wales, en Australie) a été un excellent cheval d'armes pendant la Première Guerre mondiale. Fort, rustique, gros porteur et d'un tempérament facile, il s'appelle depuis 1971 «australian stock horse» et reste très utilisé par les éleveurs de bétail.

ROBUSTES ÉTRIERS
L'étrier est la plus importante innovation dans l'histoire du cheval de guerre, car il permet à un cavalier lourdement équipé de se maintenir en selle. Celui-ci, en cuivre, date du XVIe siècle.

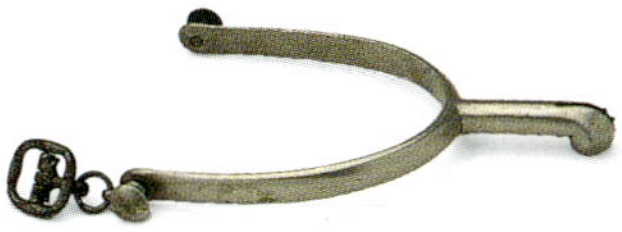

Eperon réglementaire de la cavalerie anglaise (XIXe siècle)

PREMIÈRES NÉCESSITÉS
Aucune bataille ne peut s'engager sans que l'approvisionnement du front en armes, eau, nourriture et munitions soit assuré.

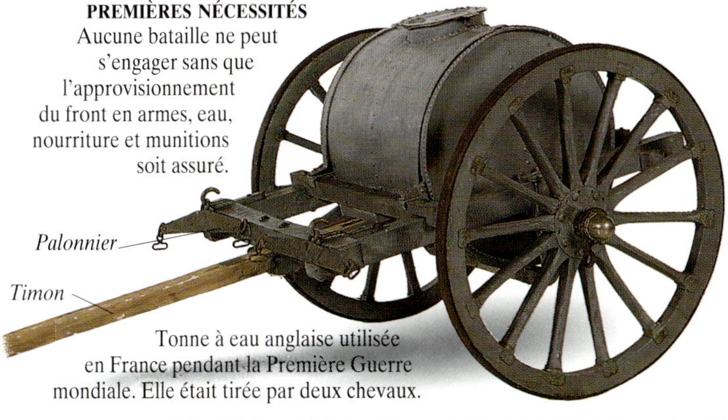

Tonne à eau anglaise utilisée en France pendant la Première Guerre mondiale. Elle était tirée par deux chevaux.

GUERRIER GHANÉEN
Cette statuette en cuivre du XVIIIe siècle représente un cavalier du Ghana (Afrique de l'Ouest).

LA CHEVALERIE, OU SE BATTRE AU NOM DE DIEU

Au XIe siècle, à l'époque féodale, s'imposa en France et en Europe occidentale une image de la société où les hommes se répartissaient en trois ordres : les travailleurs, les hommes de prière, les guerriers. À ces derniers incombait la mission de hâter, par la force de leurs armes, la réalisation du royaume de Dieu. Les guerriers spécialistes du combat cavalier, ou chevaliers, s'organisèrent en une caste régie par un code moral, religieux et social (le code chevaleresque) qui commandait tous les aspects de leur existence. Leurs qualités fondamentales étaient la vaillance, la loyauté, la largesse et la courtoisie. Ils étaient nobles, chrétiens et c'est en chevaliers du Christ qu'ils partirent en Terre sainte faire la guerre aux musulmans. Commandés par Godefroi de Bouillon, ils s'emparèrent de Jérusalem en 1099.

CHEVALIER JAPONAIS
Cette peinture sur paravent du XIIe siècle représente un samouraï au combat. L'honorable samouraï, qui portait deux épées et un casque caractéristique, était totalement dévoué à son suzerain. Le féodalisme fut aboli au Japon en 1871.

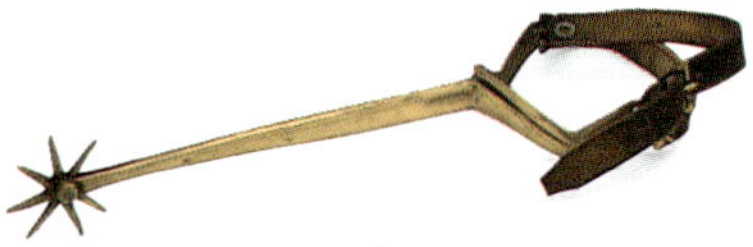

AVOIR L'ÉPERON LONG
Copie du XVIIe siècle d'un éperon à molette (p. 30) d'époque féodale. Utilisé dans les tournois, sa longueur permettait d'atteindre le cheval en dessous de son armure.

DES TOURNOIS POUR LES PREUX
Les chevaliers s'exerçaient au combat à cheval à l'occasion de tournois. Les joutes, combats singuliers à la lance et à cheval, faisaient partie du code chevaleresque. Les deux chevaliers lourdement armés s'affrontaient en champ clos à l'aide de lances mesurant jusqu'à 2,50 m. Chacun tâchait de remporter des points en désarçonnant son adversaire ou en brisant sa lance contre son écu. Que ce fût les dangereuses mêlées du XIIe siècle ou l'apparat coloré des XVe et XVIe siècles, les joutes étaient un spectacle sportif très prisé. En France, elles furent abandonnées lorsque le roi Henri II fut tué accidentellement au cours d'un tournoi en 1559.

Reconstitution d'une paire de jouteurs (vers 1300)

CHANFREIN PARE-CHOCS
Ce masque protecteur pour cheval est fait d'un alliage de cuivre et d'or. Il date du XVIe siècle et provient d'un monument sculpté qui se trouvait dans une église byzantine d'Istanbul, en Turquie.

INTERDICTION DE MONTER
Le roi d'Angleterre Henri VIII, afin d'agrandir la race chevaline, édicta des lois interdisant d'utiliser de petits chevaux pour la reproduction. A l'époque de son règne, au XVIe siècle, le canon était devenu l'arme principale contre laquelle une lourde armure ne pouvait rien; mais celle-ci était encore utilisée pour les défilés militaires.

ARMURE BOURGUIGNONNE
Cette armure complète de cheval, connue sous le nom d'armure bourguignonne, fut offerte par l'empereur germanique Maximilien 1er à Henri VIII. Gravée et rehaussée d'or et d'argent, c'est l'œuvre d'armuriers flamands, vers 1515.

Œillère de protection en bronze pour le cheval (Angleterre, Ier siècle apr. J.-C.)

TOURNOIEMENT GARANTI
Cette selle de tournoi allemande en bois était utilisée, vers 1500, lors de joutes amicales où les lances, dites courtoises, étaient mouchetées. Les deux arçons s'arrondissaient autour de la cuisse du cavalier qui ne portait pas de cuirasse aux jambes. Coincé dans sa selle, il ne pouvait être désarçonné. Les chevaux portaient des œillères fermées pour leur éviter d'avoir peur.

CŒUR DE LION
Richard 1er Cœur de Lion (1157-1199) devint roi d'Angleterre en 1189. Un an plus tard, il s'embarqua pour la troisième croisade en Palestine, où sa bravoure lui valut un renom immortel. De retour en Angleterre, il passa le reste de son règne à guerroyer contre la France.

ARRÊTEZ CES CHEVAUX !
Ces chausse-trapes de fer à 4 pointes étaient placées sur le sol pour blesser les chevaux de l'ennemi lorsqu'ils marchaient dessus (Angleterre, Ier et IIe siècles).

LES CHEVAUX DU VOYAGE

Il y a plus de 4 000 ans que le cheval, l'âne et le mulet sont utilisés pour transporter hommes et marchandises d'un endroit à un autre. Les premiers chariots et harnais étaient faits entièrement de bois, d'os et de cuir. À l'usage de ces matières brutes s'ajouta, voici 3 500 ans environ, celui du cuivre et du bronze, puis du fer, quinze siècles après. L'utilisation de pièces métalliques, comme les anneaux de guides, les mors et, sur les voitures, les jantes et les essieux, améliora considérablement l'efficacité, et donc la rapidité des transports, notamment dans le sud de l'Europe et en Asie, où le climat est très sec. Mais l'Europe du Nord, avec ses pluies abondantes, dut conserver le cheval de bât comme le moyen le plus commode de se déplacer, particulièrement l'hiver, jusqu'à la création d'un réseau routier par les Romains.

ATTELAGE ROYAL
Ce carrosse est une réplique de celui de la reine Elizabeth 1re d'Angleterre (1533-1603), le premier qui fut fabriqué pour la couronne britannique. Il est équipé de marches que l'on rabat pour former les portières, et son toit capitonné protège des intempéries. Auparavant, les membres de la famille royale se déplaçaient en charrette.

BANDIT DE GRAND CHEMIN
Dick Turpin (1705-1739) était un bandit anglais de légende qui, en selle sur sa jument Black Bess, relia Londres et York en un temps record pour échapper à la police. Repris à York, il y fut pendu.

LADY GODIVA
Au XIe siècle, le comte de Chester accepta la demande de son épouse d'alléger les impôts qui écrasaient la population de Coventry, à la condition étrange qu'elle traversât la ville, nue sur son cheval.

CHEVAUX À PLUMES
Les chevaux des Indiens avaient une endurance à toute épreuve tant à la guerre qu'à la chasse. Couleur et décoration faisaient partie de la culture indienne et les chefs, outre leur coiffure, n'hésitaient pas à orner de plumes leur monture.

GENS DU VOYAGE
Depuis des siècles, les bohémiens voyagent à travers l'Europe dans leurs roulottes. Personne ne sait d'où ils viennent; peut-être d'Inde. De nos jours, ce type de roulotte est utilisé par des vacanciers nostalgiques qui cheminent sur les petites routes.

BÊTE DE SOMME
Cette frise de pierre montre que les Assyriens élevaient, il y a 2 600 ans, des mulets capables de porter leur attirail de chasse.

SAINT PATRON LÉGENDAIRE
Fêté le 25 juillet, saint Christophe est le patron des voyageurs et, aujourd'hui, des automobilistes; une médaille à son effigie est un gage de protection.

CANTERBURY, LIEU DE PÈLERINAGE
Les pèlerins de la cathédrale de Canterbury ont été immortalisés par le poète anglais Geoffrey Chaucer (1340-1400) dans ses légendaires *Contes de Canterbury*.

Statuette de bronze nigérienne du XVIIIe siècle

Bâche recouvrant la roulotte

Brancard

Grande balzane

Cheval de trait irlandais (irish draught) de 9 ans, harnaché à la façon bohémienne, tirant une roulotte fabriquée en Irlande, vers 1850

LES VOITURES HIPPOMOBILES OUVRENT LA VOIE

Traîneau avec siège doublé de fourrure, construit en Hollande vers 1880

Les chariots les plus primitifs, ceux du Moyen-Orient, avaient de petites roues en bois, pleines, pesantes, qui tournaient avec l'essieu. L'invention de la roue à rayons, plus légère, vers 1700 av. J.-C., sans doute dans le Caucase, permit de se déplacer avec une rapidité sans pareille. La voiture à quatre roues dont l'essieu avant pouvait pivoter indépendamment du corps de l'attelage fut une autre amélioration, apportée au début du Moyen Âge. De même qu'aujourd'hui de nombreuses personnes affichent leur statut social avec leur automobile, de même autrefois les gens le faisaient avec leurs chevaux et leurs équipages, tandis que les pauvres se contentaient de l'omnibus. L'entretien des chevaux, des harnais et des voitures exigeait un soin constant : les chevaux devaient être soignés et ferrés (pp. 28-29), les roues graissées et recerclées et les voitures maintenues propres et au sec.

Statuette de bronze de la dynastie Han (Chine, IIe siècle apr. J.-C.) représentant un cheval attelé.

Elégant et luxueux corbillard attelé à deux chevaux pimpants

Les premiers immigrants européens qui voyageaient aux Etats-Unis en diligence étaient souvent attaqués par des Indiens armés de fusils volés ou troqués, comme le dépeint ici l'artiste américain George Inness (1854-1926).

HEURE D'AFFLUENCE
Il ne reste qu'un siège dans cet omnibus plein à craquer; deux personnes vont être déçues!

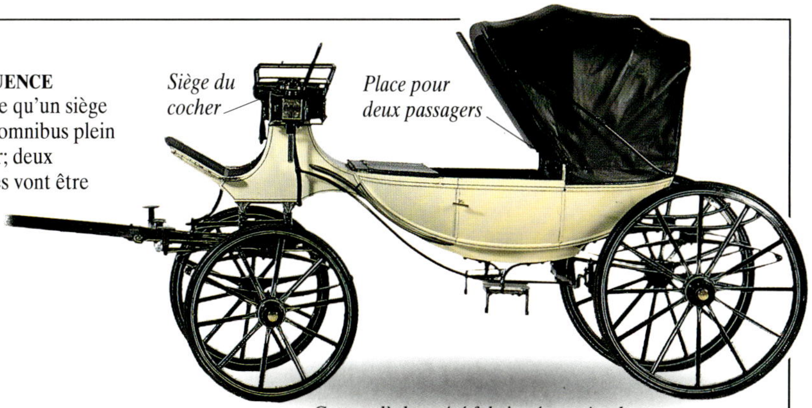

Cette calèche a été fabriquée en Angleterre à l'époque victorienne (vers 1880) d'après des plans français.

VERS L'OUEST
Deux hommes d'affaires américains, Henry Wells (1805-1878) et William Fargo (1818-1881), ouvrirent un comptoir à San Francisco en 1852, proposant leurs services comme banquiers et agents de fret, reliant le Far West avec le reste du pays. Les fameuses diligences de la Wells Fargo transportaient passagers, courrier, argent et objets de valeur.

Deux paires de welsh cobs attelés à une diligence de la Wells Fargo, fabriquée aux Etats-Unis à la fin du siècle dernier

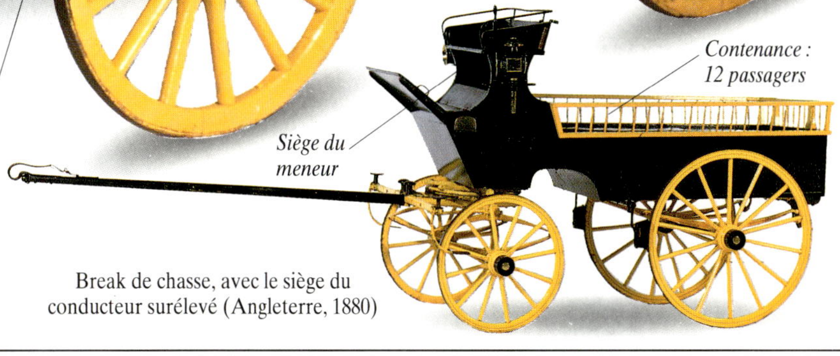

Break de chasse, avec le siège du conducteur surélevé (Angleterre, 1880)

LES POIDS LOURDS TRAVAILLENT POUR NOUS

En Europe et en Asie, l'« ère du cheval » dura de la plus haute antiquité jusqu'au XIXe siècle. Pendant tout ce temps, avant que la machine à vapeur ne les supplante, le cheval, l'âne et le mulet étaient affectés non seulement aux transports, mais aussi à toutes sortes de travaux agricoles. Ils servaient aux forestiers, aux brasseurs, au battage du blé ou au puisage de l'eau. Dans les pays méditerranéens et au Moyen-Orient, où la terre est sèche et légère, c'est l'âne (pp. 24-25) qui s'acquittait de ces tâches. En Europe du Nord, où les terres sont lourdes et collantes d'argile, c'était des chevaux puissants qui étaient requis, tant pour les labours que pour le halage le long des chemins boueux. De nos jours, les chevaux lourds d'Europe sont exportés partout dans le monde – au Canada, aux États-Unis, en Australie et au Japon.

LES FOINS EN IRLANDE
Le cheval et l'âne sont encore utilisés dans les petites fermes d'Irlande. Ici, au Connemara (comté de Galway), le foin est chargé en gerbes sur une charrette. Il nourrira les animaux de la ferme pendant l'hiver.

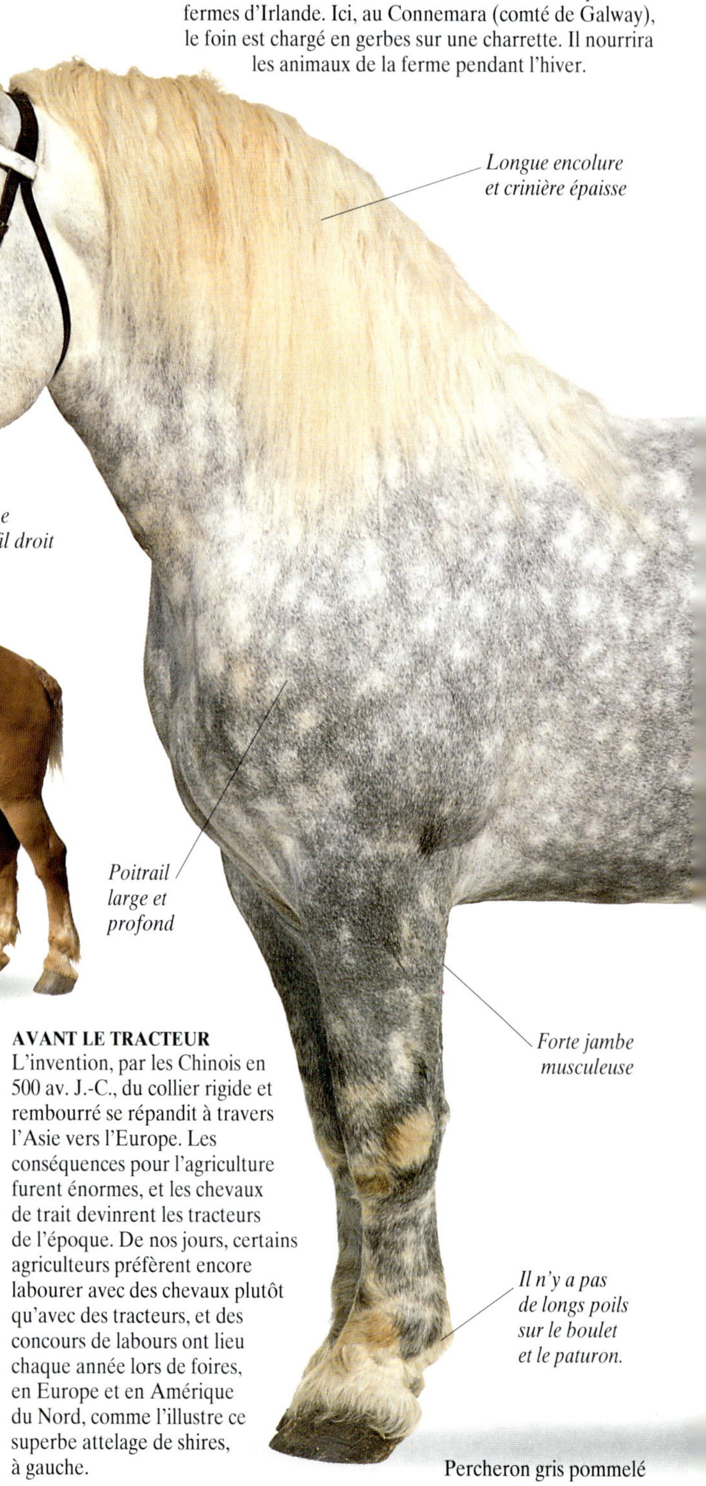

Percheron gris pommelé

PURE RACE ET DE POIDS
Le trait lourd belge, ou brabant, appartient à une magnifique race de chevaux lourds, restée très pure et encore utilisée dans des exploitations agricoles. Ils sont très appréciés aux Etats-Unis.

Brabant alezan (Belgique)

AVANT LE TRACTEUR
L'invention, par les Chinois en 500 av. J.-C., du collier rigide et rembourré se répandit à travers l'Asie vers l'Europe. Les conséquences pour l'agriculture furent énormes, et les chevaux de trait devinrent les tracteurs de l'époque. De nos jours, certains agriculteurs préfèrent encore labourer avec des chevaux plutôt qu'avec des tracteurs, et des concours de labours ont lieu chaque année lors de foires, en Europe et en Amérique du Nord, comme l'illustre ce superbe attelage de shires, à gauche.

LES FABRICANTS DE BIÈRE
Vers 1800, le cheval fut de plus en plus utilisé dans les brasseries. La plus petite de ces industries possédait des chevaux qu'on employait aussi bien à écraser le malt qu'à actionner une pompe à eau ou à livrer la bière; dans ce dernier cas, ils étaient équipés de harnais richement décorés.

LES GRIMPEURS
L'avelignese, des montagnes du nord de l'Italie, était aussi bien un cheval de trait que de bât. Il dérive du haflinger, poney du Tyrol autrichien, et mesure jusqu'à 150 cm.

Avelignese alezan

Boulonnais gris pommelé

UN BON FRANÇAIS
La tête de ce boulonnais, natif du nord de la France, indique son ascendance arabe. Ce cheval musclé, au poil soyeux, mesure environ 165 cm.

Cheval alezan du Suffolk

IL A DU PUNCH!
Le suffolk punch est le plus pur des chevaux de trait lourd britanniques. Modèle de puissance et de tenue, c'est aussi un cheval frugal. Toujours alezan, il peut présenter sept nuances de cette couleur. Tous les représentants de cette race descendent d'un étalon qui vivait en 1760.

Puissant arrière-train

CÉLÉBRITÉ FRANÇAISE
Le percheron, originaire du sud-est de la Normandie, est peut-être le plus célèbre des chevaux lourds. Son élégance, malgré ses imposantes proportions, lui vient de l'apport de sang arabe dans la race. Le percheron est très populaire aux Etats-Unis et au Canada.

LES SEMAILLES EN FLANDRE
Jadis, les chevaux travaillaient à la préparation des sols en vue des prochaines semailles. Cette scène flamande du XVIe siècle représente deux brabants tirant une herse sur un labour.

CHEVAUX FORESTIERS
Traditionnellement, les chevaux lourds ont été utilisés pour le débardage des grumes en forêt, comme le montrent ces deux shires.

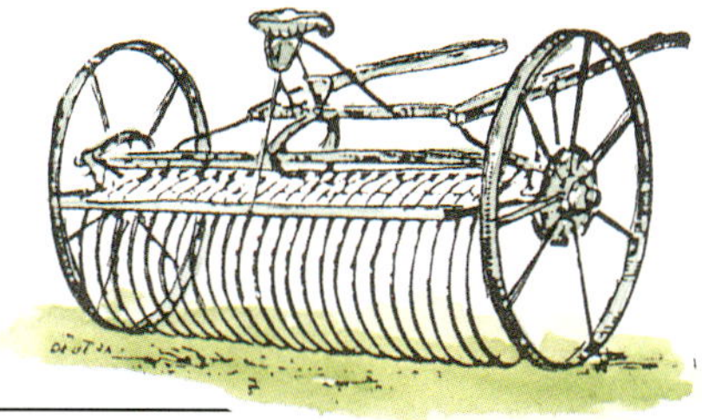

La faneuse, tirée par un cheval, secoue le foin pour lui permettre de sécher.

DU CHEVAL DE TRAIT AU CHEVAL-VAPEUR

Sans le cheval, la révolution industrielle, à la fin du XVIIIe siècle, n'aurait pas eu lieu ; ni, par conséquent, l'exode vers les villes de gens désirant gagner leur vie dans ces nouvelles industries. En effet, le cheval assurait le transport des produits destinés à être exportés. La force du cheval était employée partout : à faire tourner les mécanismes, à moudre le malt pour la bière et le blé pour la farine, à centrifuger le coton ou à activer le soufflet d'une fournaise. L'animal halait les péniches le long des canaux, tirait les omnibus, les voitures des pompiers et celles de marchandises. Dans les mines de charbon, c'est le poney qui tractait les wagonnets remplis de combustible (p. 63). Aujourd'hui, rares sont les endroits où le cheval n'a pas été remplacé par les machines. Toutefois, le terme utilisé pour mesurer la puissance de traction d'un moteur est toujours le « cheval-vapeur », qui équivaut à 736 watts.

Roue dentée

Axe de la meule

TRANSPORT POUR TOUS
A Paris, les omnibus virent le jour en 1672, mais pour peu de temps. Ce moyen de transport ne réapparut qu'en 1828.

FER À GLACE
Sur la neige, il fallait des chevaux robustes spécialement ferrés (p. 28), comme ces deux haflingers en Bavière (sud de l'Allemagne), pour tirer des grumes, des traîneaux de voyageurs ou des marchandises.

Balance

Frein

Sac de charbon

Charrette de charbonnier, en Angleterre, vers 1920

Lanterne

Avertisseur sonore

Tuyau

Seau à eau

Sur cette voiture de pompiers anglaise de 1890, les roues très espacées permettent de tourner court sans risquer de verser.

UN GRAND VOYAGE
Ces lourdes charrettes en bois, attelées à quatre chevaux et chargées de fournitures, étaient celles des explorateurs de l'Australie. Leur fiabilité venait de la robustesse de leurs roues.

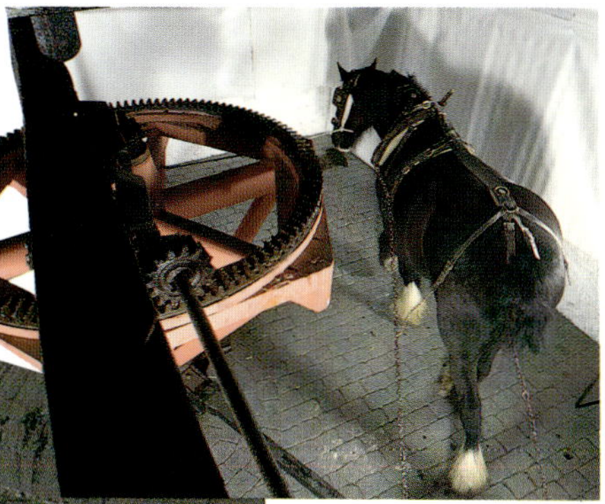

TOURNER EN ROND
La monotonie de ce genre de travail est rendue plus évidente lorsque la photographie est prise d'en haut.

Shire activant une roue, dans un moulin

UN LABORIEUX MANÈGE
Le travail de ce cheval est de faire tourner un moulin à farine, ainsi que le firent chevaux, mulets et ânes (pp. 24-25) en Europe, depuis l'époque romaine. Les animaux (parfois attelés en paire) devaient tirer la corde ou la chaîne qui faisait tourner la lourde meule. Ils étaient spécialement dressés à garder une allure régulière pendant des heures.

CHEMIN DE HALAGE
Chevaux et mulets étaient largement employés à tirer le long des canaux des péniches chargées de charbon ou de céréales. Ce lent mais efficace moyen de transport survécut jusqu'au XXe siècle.

Cab Hansom (vers 1850), cabriolet taxi prévu pour deux passagers. Le cocher est à l'arrière.

DES TRAITS LÉGERS TRÈS PERFORMANTS

Le « trait léger », qui n'a sans doute pas l'élégance du pur-sang ni la magnificence du cheval lourd (pp. 50 à 53), fut l'incontournable moyen de transport dans le monde entier, jusqu'à l'invention de la machine à vapeur, vers 1830. Ce type de cheval s'attelait à toutes sortes de voitures et il devait faire preuve de vitesse, d'endurance et de robustesse, car les trajets parcourus étaient souvent longs. En principe, les chevaux de trait léger n'appartenaient à aucune race bien définie, sauf des exceptions, comme le cleveland bay qui avait été préservé depuis longtemps comme une race pure dans le Yorkshire, au nord de l'Angleterre. Il était autrefois connu comme le cheval Chapman qu'utilisaient les marchands ambulants du Moyen Âge, les « chapmen » en anglais.

POLICE À CHEVAL
Les chevaux de la police montée, spécialement entraînés, sont toujours utilisés dans certains pays anglo-saxons pour contrôler les mouvements de foule et, en France, pour la surveillance des forêts.

TRAVAIL DE BÛCHERON
Depuis toujours, le cheval de bât porte de lourdes charges. Celui-ci transporte le bois d'un bûcheron guatémaltèque.

Il n'y a pas si longtemps, ce type de corbillard drapé de noir, et tiré par deux chevaux de la même couleur, portait les morts à leur dernière demeure.

Fourgon de police anglais, de l'époque victorienne; il servait à transporter les prisonniers, vers 1890.

PROMENADE DOMINICALE
Cette lithographie américaine de la fin du XIXe siècle montre une famille se promenant dans une élégante voiture attelée à deux chevaux.

Paire de gris et phaéton de 1840

LES ENFANTS GÂTÉS
Au début du siècle dernier, dans les villes d'eaux anglaises, les fils de famille rivalisaient d'adresse et d'audace en conduisant d'élégants phaétons décapotables comme celui-ci.

Paire de welsh cobs, au harnais noir et argent, tirant un corbillard anglais vers 1850

Voiture de laitier à jantes gainées de caoutchouc

COW-BOYS, INDIENS ET CAVALIERS AMÉRICAINS

Les chevaux sauvages indigènes d'Amérique du Nord disparurent il y a environ 10000 ans. Très longtemps après, en 1492, le premier cheval domestique débarquait sur le continent américain avec Christophe Colomb. Il est vite devenu le symbole de la liberté et de l'esprit d'entreprise. Compagnons précieux de tous les instants, les chevaux, qui étaient près de quatre millions à la fin du XVIIIe siècle, ont tiré de lourdes charges dans la chaleur des déserts, au fond des mines ou dans la boue des chemins. Ils ont transformé la vie des Indiens qui jusqu'alors utilisaient des traîneaux à chiens ou portaient leurs charges à dos d'homme. Moyens de déplacement rapide, les fidèles Équidés ont permis la chasse massive au bison.

BUFFALO BILL
A partir de 1883, un ancien cavalier du Poney-Express, William Frederick Cody (1846-1917), dit Buffalo Bill, organisa un spectacle représentant la vie au Far West, le *Wild West Show*. Sa troupe fut applaudie en Europe, en 1888 et 1889.

QUADRILLE EN MUSIQUE
La Gendarmerie royale du Canada, police montée fondée en 1873, est célèbre dans le monde entier pour ses parades en musique. Les chevaux sont noirs et les cavaliers vêtus d'une tunique rouge portent des fanions de couleur.

VOYAGES D'HIER ET D'AUJOURD'HUI
Les Amish (secte mennonite) se sont établis en Pennsylvanie, aux Etats-Unis, au début du XVIIIe siècle. Ils y ont inventé le Conestoga, version plus massive du chariot couvert, avec lequel ils partirent explorer l'Ouest. Aujourd'hui encore, leur mode de vie austère leur commande l'utilisation du cheval pour travailler et se déplacer.

Cavalière portant la tenue typique des cow-boys de l'Ouest, montant ici un cob pie alezan de 14 ans

FEMMES DE LÉGENDE
Calamity Jane, Annie Oakley, Belle Starr…, la liste des femmes légendaires du vieil Ouest est longue. Comme n'importe quel homme, elles devaient savoir conduire les troupeaux, monter à cheval, tirer au pistolet et faire face à toutes les situations. Les hors-la-loi, tels Frank et Jesse James, les frères Dalton, Billy the Kid ou Flo Quick, étaient pourchassés à cheval par des représentants de la loi comme Wyatt Earp et Wild Bill Hickok.

L'appaloosa, avec sa robe tachetée était la monture favorite des Indiens nez-percé.

EN ROUTE!
Chaque année en juillet, à Calgary (ouest du Canada), a lieu un rodéo celèbre, le Stampede, qui, parmi ses attractions, inclut une course de cantines ambulantes. Chaque équipe, composée d'un chariot conduit par le cuisinier et de quatre cavaliers, cherche à franchir la première la ligne d'arrivée.

LES HÉROS DU RODÉO
«Il n'y a pas un bronco qui ne puisse être monté, il n'y a pas un cow-boy qui ne soit jamais tombé.» L'attraction principale d'un rodéo est de monter un bronco (cheval indompté) qui ne fait que ruer, mais il comporte aussi des épreuves de capture d'animaux au lasso. A l'origine, les rodéos opposaient des cow-boys lors de la fête de l'Indépendance (le 4 juillet). Le premier rodéo doté de prix eut lieu en 1883 à Pecos, au Texas (sud des Etats-Unis). Progressivement les cow-boys furent remplacés par des sportifs professionnels.

Cow-boy sur son cheval palomino

CHASSE AU BISON
Cette peinture de l'artiste américain George Catlin (1796-1872) montre comment les Indiens chassaient le bison à cheval. Massacrés par les immigrants européens, les bisons ont aujourd'hui presque disparu.

LA COURSE DE PAUL REVERE
Célèbre pour sa chevauchée dans la nuit du 18 avril 1775, depuis Boston pour prévenir les colons du Massachusetts que les troupes britanniques arrivaient, Paul Revere (1735-1818), indissociable du cheval qu'il avait emprunté, est devenu une légende américaine.

LES DRESSEURS DE L'ARMÉE
Les cavaliers des forces montées devaient passer de longues heures en selle; il était donc important pour eux d'être fournis en chevaux solides. Ce tableau du peintre américain Frederic Remington (1861-1909) dépeint une charge de cavalerie.

LE CHEVAL GAGNE LES CHAMPS DE COURSES

Ecuyère du *Cirque*, peint par Georges Seurat (1859-1891)

«Rapides, les chevaux dévorent la plaine […]. Leurs crinières voltigent au souffle du vent.» Cette description de chevaux au galop nous vient de l'«Iliade», écrite par Homère au IXe siècle av. J.-C. : au chant XXIII, cinq guerriers grecs se livrent à une course de chars dans la plaine de Troie en l'honneur de leur héros Patrocle, tué par le Troyen Hector. Au VIIe siècle av. J.-C., quatre courses de chars entraient au programme des premiers jeux Olympiques, et, dans les siècles qui suivirent, les Romains organisèrent des courses dans des cirques conçus à cet effet. Par la suite, l'intérêt pour ces spectacles baissa. Ce n'est qu'au XIe siècle que les courses reprirent en Europe où, pendant la Renaissance, les académies enseignant l'équitation classique fleurirent. En 1750, le premier Jockey-Club était fondé en Angleterre. Aujourd'hui, les compétitions équestres sont plus populaires que jamais et des sommes énormes sont investies dans l'élevage des chevaux.

Chaque année à Sienne, en Italie, se tient le dramatique *Palio*, où chevaux et cavaliers se livrent une course effrénée.

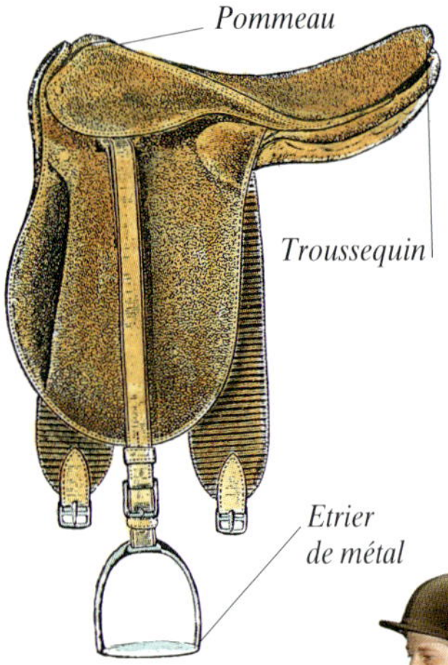

Cette selle anglaise, d'un modèle ancien, a un pommeau et un troussequin peu proéminents.

Une légende dit que c'est Pélops qui fonda les jeux Olympiques en 1222 av. J.-C., en l'honneur du dieu grec Zeus.

Cheval d'obstacle gris pommelé de 7 ans, mélange de pur-sang et de trait léger irlandais

COURSES DE CLOCHER
Les courses de steeple-chase débutèrent en 1752. Elles se déroulaient dans la campagne, le clocher du village voisin étant l'objectif à atteindre. Tout ce qui se présentait, haies, talus, fossés, barrières, devait être sauté.

L'ART DE SAUTER
Franchir des obstacles qui se présentent à lui est naturel pour un cheval qui fuit un prédateur. Mais un cheval domestique ne sautera que s'il est guidé par son cavalier. L'entraînement d'un cheval de concours hippique est un processus long et compliqué.

CAVALIERS EN HERBE
Les jeux à cheval, ou gymkhanas, consistent en des exercices d'adresse, de souplesse et d'audace : il faut suivre un parcours, descendre et remonter à cheval, sauter, saisir des objets au sol, etc. Le tout, bien sûr, est chronométré.

UN CONCOURS TRÈS COMPLET
Le concours complet teste l'endurance, la vitesse et la soumission du cheval, ainsi que le talent du cavalier. Les épreuves commencent par le dressage le premier jour, suivi du cross-country (qui comprend un spectaculaire bond dans l'eau) et du steeple-chase le deuxième jour. Le concours hippique a lieu le troisième et dernier jour.

La monte en amazone remonte à 600 ans environ; elle était pratiquée par les cours européennes. Au XIXe siècle, les dames chassaient à courre en montant de cette façon.

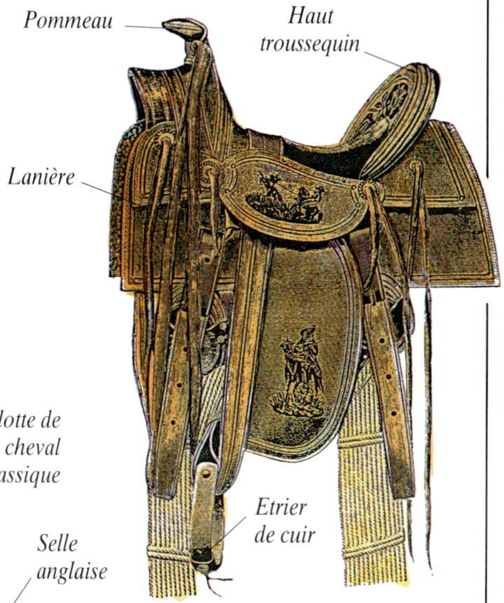

Les selles «western», faites de cuir richement ouvragé, ont ce pommeau caractéristique auquel les cow-boys pendent leur lasso.

CE VIEUX POLO
Le polo, tel qu'on le voit sur cette soie imprimée du XVIIe siècle, a été inventé par les Chinois, il y a environ 2 500 ans. Aujourd'hui, ce sport est très prisé aux Etats-Unis, en Argentine, en Australie, en Angleterre et en France. Deux équipes de quatre joueurs frappent une balle avec un maillet et doivent marquer le plus de buts possible pendant les 7 minutes et demie que dure chaque période, ou «chukka».

PARTIS !
Les courses de plat sont réservées aux chevaux pur-sang. Les plus célèbres hippodromes français sont, en région parisienne, Longchamp et Chantilly (où se court en juin le fameux prix de Diane), et, en Normandie, Deauville.

L'ÉQUITATION SE RISQUE AU JEU

L'étroite relation qui s'est établie pendant des milliers d'années entre l'homme et le cheval n'a pas cessé avec l'apparition de la voiture à moteur. Aujourd'hui, les compétitions sportives, comme la course et le concours hippique, et leur retransmission télévisée assurent une popularité grandissante aux chevaux. Ceux-ci, notamment les chevaux de course et les sauteurs, sont entraînés chaque jour. À l'heure de la compétition, ils utiliseront leur instinct naturel pour obéir à leur cavalier (ou suivre les autres chevaux) aiguillonnés par la cravache, qui évoque pour eux un prédateur à leur poursuite. Mis à part la course et le saut, le plus ancien sport faisant appel au cheval est la chasse à courre. Beaucoup la jugent cruelle, mais d'autres répondent que la vénerie protège l'environnement et contrôle, en les préservant, les populations de renards et de cerfs. Les disciplines équestres rassemblent aussi l'attelage, l'équitation classique (c'est-à-dire le dressage), l'endurance et la promenade à poney ; elles procurent à des milliers de gens une activité sportive et un loisir.

LE SPORT DES ROIS
Les courses sur terrain plat – le sport des rois – sont très populaires dans le monde entier, avec des épreuves classiques tels le Derby d'Epsom en Angleterre ou la Melbourne Cup en Australie. Ici, le peintre impressionniste Edgar Degas (1834-1917) montre les chevaux attendant le départ, montés par des jockeys portant les couleurs de leur propriétaire.

TRAVERSÉE D'UNE RIVIÈRE
Partout dans le monde, la promenade à poney est une activité très prisée par les adultes et les enfants. Ici, de jeunes cavaliers en file indienne font traverser à leur monture une rivière peu profonde.

TROTTEURS ET AMBLEURS
Dans de nombreuses parties du monde, comme les Etats-Unis, la France, l'Australie, la Russie et la Nouvelle-Zélande, le trot est aussi apprécié que le plat. Comme pour les anciennes courses de chars, les chevaux sont attelés, mais dans les courses modernes, seule l'allure du trot est autorisée et les attelages ne sont tirés que par un seul cheval. Les ambleurs, comme celui représenté ici, trottent latéralement au lieu de trotter de manière classique, c'est-à-dire à la diagonale.

Standardbred américain ambleur mené par son propriétaire, qui porte ses propres couleurs

ENDURANCE
Depuis des siècles, des cavaliers prennent part à des courses d'endurance et tentent de battre des records. Sur cette gravure japonaise du XVIIIe siècle, de Katsushika Hokusai (1760-1849), trois cavaliers se livrent à une course en direction du mont Fuji.

DRESSAGE
L'équitation classique montre un cheval au sommet de sa forme et de son obéissance au cavalier. Cette discipline atteignit son apogée au XIXe siècle. Dans les compétitions de dressage moderne, qui se déroulent sur une piste de 60 m sur 20, des points sont attribués pour l'exécution des figures. Ici, le cheval est au piaffer (p. 41).

Pendant des siècles, le crin de cheval a été utilisé pour la confection des archets.

ATTELÉS À GAGNER
L'attelage est une discipline qui devient de plus en plus prisée dans le monde entier. En 1970 eurent lieu les premières compétitions, copiées sur le modèle du concours complet. Cette discipline comprend une épreuve de dressage et de présentation le premier jour, un marathon de 27 km le deuxième, et une épreuve de maniabilité pour conclure.

LE RETOUR DU CHASSEUR À CHEVAL
La chasse à cheval remonte aux Assyriens (2000 av. J.-C.). Le gibier était alors soit le lion, soit le bovidé sauvage. Plus tard, en Europe, on chassa l'ours, le lièvre ou le cerf, comme sur cette peinture flamande du XVIe siècle. Au XVIIe siècle, les Anglais commencèrent à chasser le renard. Ce sport est resté très populaire en France et dans d'autres pays à tradition de vénerie.

DE DRÔLES D'ALLURES

Le cheval possède 4 allures naturelles. Le pas est à quatre temps : jambe postérieure gauche, jambe antérieure gauche, jambe postérieure droite, jambe antérieure droite, chaque membre touchant le sol l'un après l'autre. Le trot a deux temps : jambe postérieure gauche et jambe antérieure droite ensemble, puis jambe postérieure droite et jambe antérieure gauche ensemble. Le petit galop a trois temps : jambe postérieure gauche, puis jambe antérieure gauche et postérieure droite ensemble, puis jambe postérieure droite. Le galop a quatre temps : les mêmes que pour le pas, puis les quatre membres ne touchant pas le sol.

À L'ÉCOLE DU PONEY

Les enfants qui s'occupent d'un poney comprennent à merveille la complicité qui peut s'instaurer entre un homme et un animal. Autrefois, en Europe du Nord, les poneys étaient utilisés pour le bât et le travail de la ferme ; et lorsqu'un poney particulièrement docile était mis à la retraite, on le donnait à un enfant pour ses premières leçons d'équitation. À cette époque, tout le monde savait soigner un cheval ; aujourd'hui, moins de gens apprennent à monter et rares sont ceux qui ont la chance de posséder leur propre monture. Si la plupart des races de poneys, comme le dartmoor, sont très rustiques et ont évolué dans un environnement où ils devaient se contenter de peu et affronter l'hiver, celles de pur-sang, destinées aux compétitions, nécessitent beaucoup plus de soins.

PONEY-EXPRESS
Vers 1860, les cavaliers du Poney-Express bravaient le mauvais temps, un terrain difficile et les attaques des Indiens, sur 3 000 km, du Missouri à la Californie, pour porter le courrier. Ils ont réussi à réduire le temps de distribution de plusieurs semaines à quelques jours.

Paire de shetlands noirs tirant un chariot contenant du foin et un sac de grain

PETITS MAIS PUISSANTS
Malgré leur petite taille, les poneys shetlands, initialement utilisés pour les travaux de la ferme, peuvent tirer de très lourdes charges.

HANDI-ÉQUITATION
Tout handicapé qui désire monter à cheval devrait pouvoir le faire. Ici, une jeune cavalière dirige son poney avec ses pieds.

COMMENT S'OCCUPER DE SON PONEY

Être responsable d'un poney représente beaucoup de travail, car le bien-être de l'animal dépend entièrement de son propriétaire. Il faut à l'animal de l'herbe, de l'eau fraîche, un abri, un exercice régulier et de la compagnie. Il doit aussi être pansé, vermifugé, et ses pieds doivent être parés (revus par le maréchal-ferrant) régulièrement.

Paille pour la litière

Pulpe de betterave (elle doit être mouillée 24 h avant usage)

Mélange nutritif d'orge, d'avoine, de maïs, de granulés et de mélasse

Orge aplatie

Jouet de terre cuite vernissée montrant un garçon et son poney (Egypte, 200 apr. J.-C.)

TRÈS À CHEVAL SUR LE CONFORT
Une couverture, qu'elle soit en jute, en laine ou en nylon, est nécessaire pour maintenir un cheval au chaud pendant l'hiver, ou pour le protéger des mouches et de la chaleur par temps chaud.

Cravache de dressage

Chambrière

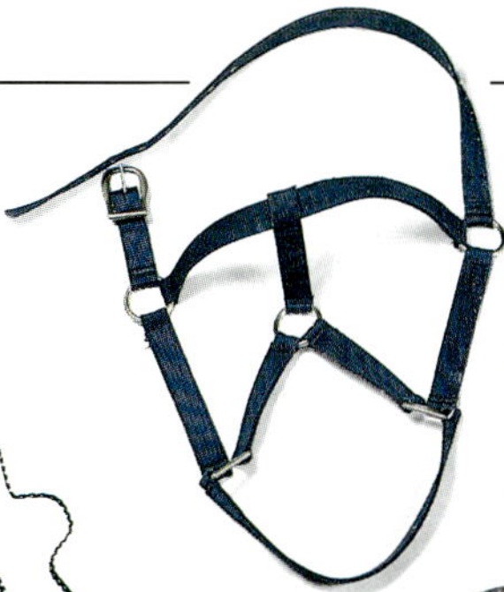

Licol pour habituer un cheval à être mené

TOURNEZ, MANÈGES!
Toute fête de village se doit d'avoir son manège où de jeunes enfants peuvent sans danger chevaucher des chevaux de bois peints qui montent, descendent, tournent et tournent…

Huile pour les sabots

Brosse à étriller

Brosse pour la crinière, la queue et le corps

Brosse douce pour le corps

Peigne métallique pour la crinière et la queue

Foin pour la nourriture

Lampe de mineur

Jeune garçon et son poney gris foncé, prêts à descendre au fond d'une mine de charbon

PONEY À LA TRISTE MINE
On descendait au fond de la mine des poneys qui pouvaient se diriger le long des tunnels sans avoir besoin d'y voir. Il y faisait froid et humide, et c'était la plus dure des existences pour les mineurs et leurs poneys qui, eux, ne remontaient jamais et devenaient aveugles.

Fourche à trois dents pour pailler les écuries

INDEX

A

Accouplement 13
Âge 10
Allures 61
Amazone, monte en 30, 31, 59
Amish 56
Architerium 9
Andalou 34, 40, 41
Âne du Poitou 7, 25, 53; irlandais 25
Ânes domestiques 6, 7, 12, 14, 16, 19, 21, 22, 24-25, 26, 27, 30, 32, 42, 46, 50
Ânes sauvages 7, 12, 16-17, 21, 24, 25
Appaloosa 56
Arabe 38, 39, 41, 42, 51
Avelignese 51

B

Balzane 34, 38, 40, 47
Barbe 38, 39, 41
Bardot 26-27
Basuto 40
Boulet 38, 51
Boulonnais 51
Brabant 50, 51
Break 49
Bride 33, 38, 42
Bronco 57
Brumby 36
Bucéphale 33
Buffalo Bill 56
Byerley Turk 38

C

Cabriolet 54
Calèche 49
Camargue 37
Canon, os 6, 38
Carrosse 46
Cavalerie 42, 43, 57
Chanfrein 19, 40, 43, 45
Char 22, 58, 60
Chariot 26, 34, 35, 46, 48, 56, 57, 62
Charrette 26, 46, 50, 52
Chasse à courre 23, 59, 60, 61
Châtaigne 29
Cheval de Prjewalski 13, 20-21, 36; de trait italien 41; de trait léger irlandais 47, 58; du Wyoming 36
Chevalier 44-45
Cheval-vapeur 52
Chevaux à bascule 6; de bât 36, 46, 54; de bois 63; de cirque 39; de course 10, 11, 38, 58-59, 60-61; de guerre 22-23, 31, 32-33, 42, 43, 44, 45; de trait 21, 46, 50-51, 52-53, 54-55; de trait léger 54-55; de trait lourd 50-51, 52-53; mythiques 7, 21, 22, 23; sauvages 20-21, 36-37, 56
Cleveland 38, 54
Clydesdale 42
Cob 56
Collier 25, 46, 48, 50, 51, 53, 54
Communication 12, 13, 18
Comportement 12, 13, 14, 15, 18, 27, 40
Concours complet 59; d'attelage 61; hippique 58-59, 60-61
Connemara 38
Corbillard 48, 54, 55
Couagga 18, 19
Couleurs de robe : alezan 38, 39, 40, 41, 50, 51, 56; bai 36, 38, 39, 40; gris 16, 38, 39, 40, 41, 42, 51, 55; gris louvet 41; gris pommelé 38, 40, 50, 51, 58; isabelle 41; marron 38, 40; noir 41, 55; palomino 14, 38, 57; pie 36, 39, 41, 56; rouan 41
Couronne 6, 10, 11
Course de cantines 57; de chars 22, 58, 60; d'endurance 59, 60; de plat 59, 60; de trot 60
Cow-boy 35, 56-57
Crâne 8, 9, 10, 11, 21
Crin 16, 42, 61
Crinière 6, 7, 13, 16, 17, 18, 19, 20, 27, 37, 41, 50, 56
Croisade 32, 44, 45
Croisements 18, 19, 24, 25, 26-27, 41

D

Darley Arabian 38
Dartmoor 62
Demi-sang 38
Denture 8, 9, 10, 11, 12
Diligence 48, 49
Doigt 6, 8, 9, 10
Domestication 22
Dos 6, 7, 10, 13, 25
Dressage 31, 59, 60, 61
Dülmen 36

E

École espagnole de Vienne 40
Élevage 58
Eohippus 8
Éperon 30, 42, 43, 44
Équidés 6-7, 8-9, 10-11, 12-13, 14-15, 19, 24, 26, 34, 56
Equus 6, 8, 9, 16, 17, 18, 20, 21, 24
Étalons 12, 13, 26, 33, 37, 38, 40, 51
Étampure 29
Étoile 37, 40
Étrier 30, 31, 32, 40, 42, 43, 56, 57, 58, 59
Évolution 8-9
Exmoor 20

F

Falabella 40, 41
Fell 36
Ferrage 28-29, 32, 35, 48, 52, 62
Fjord 41
Foire aux ânes 25; aux chevaux 39
Fossiles 8-9, 20
Fourchette 28
Frison 41

G-H

Garrot 6, 7, 15, 17, 18, 20, 25, 26, 29, 31, 35, 38, 39, 40, 51, 60
Gaucho 35
Gelderland 35, 40
Genou 10, 21
Gestation 14
Godolphin Arabian 38
Gymkhana 59
Haflinger 38, 51, 52
Harnais 17, 22, 24, 25, 26, 30, 31, 33, 34, 46, 47, 48, 49, 50, 51, 53, 54, 55, 61
Hémione, *voir* Ânes sauvages
Hipparion 8, 9
Hippidion 8
Hipposandale 29
Hyracotherium 8, 9

I-J

Indiens d'Amérique 30, 34, 41, 46, 48, 56-57, 62
Irish draught 47
Jambe 16, 18, 19, 50, 61
Jockey-Club 58
Joute 44-45
Juments 10, 13, 14, 15, 24, 25, 27, 40, 42, 46

K-L

Khur 17
Kiang 17
Konik 20
Koulan 7, 12, 17
Labourage 50, 51
Licorne 7
Lipizzan 31, 40
Liste 6, 34, 37, 40, 46

M

Maréchal-ferrant 28-29, 62
Marengo 42
Marquage 23
Membre 7, 8, 10, 12, 25, 36, 38, 39, 40, 41, 61
Mensurations 7
Merychippus 8
Mesohippus 8, 9
Modèle 40
Mors 25, 30, 31, 33, 42, 45, 46, 48, 56, 57
Mule 27, 43; mulet 12, 24, 25, 26-27, 34, 46, 50, 53
Mustang 36, 37

N

Naissance 14-15
Nez 6, 7, 17, 18, 19, 20, 25
New forest 37
Nonius 38

O

Odorat 12
Oldenburg 40
Onagre 17, 42
Onohippidion 8
Oreille 7, 12, 14, 15, 16, 17, 18, 19, 25, 26, 27
Ouïe 10, 12

P-Q

Palio, course du 58
Pansage 62
Parahippus 8
Parthes 32, 33, 42
Paturon 6, 10, 51
Pelote 40
Percheron 40, 50, 51
Périssodactyle 6
Phaéton 55
Piaffer 41, 61
Pinto 41
Pliohippus 8
Police montée 54, 56
Polo 59
Poney de Manipouri 40; d'Islande 12
Poney-Express 56, 62
Poneys 6, 11, 12, 20, 36, 37, 38, 41, 52, 60, 62-63
Poulains 11, 12, 14-15, 18
Pouliches 14
Prjewalski, colonel 21
Pur-sang 38, 54, 58, 59, 62
Queue 6, 7, 18, 19, 21, 25, 26, 27, 39, 41
Quichotte, don 42

R

Raie de mulet 41
Rêne 24, 31, 33, 42, 48, 49, 59
Robe 27, 38, 39, 40-41
Rodéo 57
Rossinante 42
Roulotte de bohémiens 46, 47

S

Sabot 6, 7, 8, 9, 10, 28, 29, 63
Sangle 6, 25, 31, 48, 59; passage de 6, 37
Sang-chaud 38; -froid 38
Schooner, *voir* Vaisseau de la prairie
Scythes 30, 32, 34, 42
Selle 30, 31, 32, 42, 51; anglaise 58, 59; d'amazone 31; de tournoi 45; tibétaine 32; western 56, 57, 59
Shetland 6, 41, 62
Shire 7, 15, 28, 29, 40, 50, 51, 53
Skewbald 41
Sole 28, 29
Solipède 6, 10
Sports équestres 22, 38, 39, 44, 45, 57, 58-59, 60-61
Squelette 8, 9, 10, 11, 21
Stampede 57
Standardbred 60, 61
Steeple-chase 58, 59
Stubbs, George 10, 11
Stud-book 38
Stylet 10
Suffolk punch 51
Sulky 61

T

Tache de ladre 37
Tarpan 20
Timbalier 42
Toupet 6, 7, 16, 17, 19, 20, 27, 37
Tournoi 44, 45
Traîneau 48, 52
Tridactyle 8, 9
Trotter à l'amble 31, 60
Trotteur d'Orloff 38; français 38

V-W

Vaisseau de la prairie 34, 35
Voitures 13, 22, 24, 26, 27, 33, 34, 35, 43, 46, 47, 48-49, 51, 52, 54, 55
Vue 10, 12
Waler 43
Warmblood 40
Wells Fargo 49
Welsh cob 49, 55

Z

Zèbres 6, 7, 12, 14, 16, 18-19; de Chapman 7, 14, 18, 19; de Grévy 18, 19; des montagnes 18
Zébret 19
Zébroïde 18
Zébryde 19

NOTES

Dorling Kindersley tient à remercier :
Alan Hills, Dave Gowers, Christi Graham, Sandra Marshall, Nick Nicholls et Barbara Winters du British Museum, et Colin Keates du Natural History Museum, pour leurs photographies. Clubb Chipperfield Limited, Foxhill Stables & Carriage Repository, Suzanne Gill, Wanda Lee Jones du Welshpool Andalusian Stud, Marwell Zoological Park, le National Shire Horse Centre, Harry Perkins et le Whitbread Hop Farm pour le prêt d'animaux et de véhicules à photographier. La Cavalerie de la Garde Royale pour la fourniture du cavalier et du cheval timbalier, et The Knights of Arkley pour la scène de joute. The Berriewood Stud Farm, Carol Johnson et Plough Studios pour leur aide dans la recherche d'arènes et de studios pour les photographies. Alan Gentry du Natural History Museum, Christopher Gravett du Royal Armouries (HM Tower of London) et Rowena Loverance du British Museum pour leurs recherches. Céline Carez, Hannah Conduct, Liz Sephton, Christian Sévigny, Helena Spiteri et Cheryl Telfer pour leur collaboration éditoriale et graphique, et Jane Parker. Illustrations : John Woodcock.

Les Éditions Gallimard remercient Roland Bauchot, professeur d'université, pour la révision de la partie zoologique et François Cazenave pour sa collaboration éditoriale.

ICONOGRAPHIE

h = haut, b = bas, c = centre, g = gauche, d = droite

Aerofilms : 21hg. Allsport : 58hd Vandystadt; 59bd Ben Radford. American Museum of Natural History : 8cg, 9bd. Ardea : 14cgh, 14cg, 16c, 17cd Jean-Paul Ferreo; 17bg Joanna van Grusen. Barnaby's Picture Library : 43cd, 45 bg. Bridgeman Art Library : 41hg Archiv für Kunst & Geschichte, Berlin; 34bg Biblioteca Nacional, Madrid; 24hd, 51cbd, 60c British Library; 49hg Guildhall Library; 39cb Harrogate Museums and Art Galleries; 35h, 41hg, 56hg, 59hc collection particulière; 57ch Smithsonian Institution, Washington, D.C.; 32bg Musée Condé, Chantilly; 58hg (détail) Musée d'Orsay, Paris; 60hd (détail) Louvre, Paris. Trustees of the British Museum : 4chd, 7bd, 16hg, 17bd, 22hg, 22cg, 22bd, 23hd, 26c, 28c, 33hd, 33bg, 46bg. Bruce Coleman Ltd. : 12bg C. Hughes; 18b J. & D. Bartlett; 39hg C. Henneghien. Mike Dent : 23hg, 27hg, 46chg, 50hd, 54cg, 63hd. Dorling Kindersley : 37hd Dave King (avec la permission du National Motor Museum, Beaulieu); 27hd, 36hg, 38 (excepté 38bd), 40bg, 41 (exceptés 41hg, 41bd), 50c, 50–51b, 51hd, 51c, 51cd, 56bg, 63bc Bob Langrish. Mary Evans Picture Library : 23bg, 32hd. Robert Harding Picture Library : 21cd, 24cb, 48hd, 51bc, 56cd. Alan Hills : 20bg. Hirmer : 33hg. Michael Holford : 31hc, 44hg, 47hc, 59bg, 60bg. Hulton Picture Collection : 53b, 63bg. Frank Lane Picture Agency : 12bd. Bob Langrish : 37hg, 40bd, 41bd, 54cd, 56cg, 57h, 58bc, 59hg, 59hd, 61hg, 61hc. The Mansell Collection : 42bg. Natural History Photographic Agency : 14bd Patrick Fagot; 21bd E. Hanumantha Rao; 36bg, 60cg A.N.T. Peter Newark's Western Americana : 34hd, 34cd, 43hg, 48cb, 55hg, 57cb, 57bg, 62h. Only Horses : 37c, 62bg. Oxford Scientific Films : 17hc Anup Shah/ Okapia. Planet Earth : 19bd Nick Greaves. Ann Ronan Picture Library : 6hd. The Board of Trustees of Royal Armouries : 2c, 43cg, 45hc, 45cd. Whitbread Brewery : 13cd. Zefa : 12hd, 13hd, 24cgh, 24bg, 25cd, 35bd, 36cg, 46cb, 52cg, 52bd.